Ada Zapperi Zucker

Il viaggio di Ermelinda

Romanzo

VoG Verlag ohne Geld e.K.

n.38

ISBN 978-3-943810-40-0

Registergericht München HRA 99261
www.verlagohnegeld.de
Impaginazione: Heinz Weih
Editing: Fabio Zamboni
In copertina: Ada Zapperi, *Un sentiero,* 1995

Ada Zapperi Zucker è nata a Catania. A Roma ha iniziato gli studi di canto e pianoforte per poi concluderli alla *Musikhochschule* di Vienna. Insegna canto in Germania e in Sudtirolo.

Ha collaborato al *Dizionario Biografico degli italiani dell'Istituto Treccani, all'Enciclopedia dello Spettacolo* e *all'Enciclopedia Universo De Agostini.*

Cantante lirica ha svolto la sua attività prevalentemente all'estero, soprattutto in Austria e Germania. Col pittore sudtirolese Gotthard Bonell ha studiato pittura e partecipato a diverse mostre.

I suoi scritti letterari hanno ottenuto vari premi nazionali e internazionali, i più importanti sono:

2020 Secondo Premio *San Domenichino* per *Due donne del Sud*
2017 Menzione d'onore *Casentino,* per il romanzo *La casa del nonno*
2015 Primo Premio *San Domenichino* per i racconti *La Cucchiara*
2012 Primo Premio *Casentino* per il romanzo *Teatro di ombre*
2012 Premio *Stiftung Kreatives Alter,* Zurigo, per i racconti *Le inquietudini della sora Elsa*
2011 Primo Premio *Chianti,* per il romanzo *Il silenzio*
2008 Primo Premio *Giovanni Gronchi,* per i racconti *La scuola delle catacombe*

Le ragazze siciliane hanno gli occhi fermi e seducenti, ma come velati da una malinconica apatia… In quegli occhi sono stratificati le sofferenze, l'ansia e il torpore di infinite generazioni, tutta la storia del popolo siciliano, che è una successione ininterrotta di impulsi disperati e di sottomissioni supine, di momenti rapidi pieni di luce e di zone interminabilmente oscure.

S. Aglianò, Questa Sicilia. 1982

Parte prima

Una borsa di studio

«Cosa vuoi che siano quattro mesi? Niente, un brevissimo lasso di tempo, una breve stagione dall'autunno all'inverno. Una borsa di studio! L'avessi avuta io, alla tua età.»

Il padre sembrava dovesse partire lui stesso tanto era entusiasta, ringalluzzito addirittura, quasi fosse lui il vero vincitore di quella borsa. Con forzata euforia tentava in realtà di minimizzare la reazione della moglie, che al contrario vedeva in tutta quella impresa solo motivo di preoccupazione. Una ragazza sola, smaniava la madre, senza nessuna esperienza del mondo – e il mondo è cattivo – in una città straniera, lontana almeno duemila chilometri, oltre le Alpi. Non che non si fidasse della figlia, ma era troppo ingenua, sprovveduta, priva di malizia; e poi come avrebbe potuto sopravvivere se non sapeva neanche cucinare due spaghetti? E che vantaggio gliene sarebbe venuto, visto che avrebbe in ogni caso insegnato solo materie letterarie? Certo, il punteggio, ma a costo di quali sacrifici. Tutta colpa del professore. Era stato lui a metterle quella pulce nell'orecchio. Già non aveva mai capito per quale motivo la figlia si fosse messa a studiare tedesco.

Il professore qui, il professore là. Da quando Ermelinda aveva cominciato quel corso, il professor Müller era entrato nella sua famiglia. Addirittura aveva preso posto in mezzo a loro, pur non avendo mai messo piede nella loro casa. Ogni giorno la ragazza arrivava con una notizia: il professore ha detto, e partiva... Il padre, per quietare la moglie che temeva chissà quali interessi particolari, era andato all'Università, – alla figlia disse di essersi trovato a passare da quelle parti per certe sue faccende – per conoscere il famoso professore. Fu sorpreso di scoprire un vecchietto, una specie di nonno, da qualche anno in pensione, che, come gli raccontò, non riusciva a rassegnarsi a restare in casa senza nessuna occupazione. I giovani lo aiutavano a superare la solitudine, disse, ora che aveva perduto anche la moglie.

Il professore aveva decretato: „per imparare una lingua non basta studiare la grammatica e i vocaboli, bisogna vivere sul posto e parlare con la gente del luogo. Ecco cosa è necessario." Così, senza neanche informare i genitori, si era messo a brigare con lettere e controlettere, in diretta corrispondenza col Ministero degli Affari Esteri dove diceva di avere delle conoscenze, ed ora ecco la risposta da Roma. Vienna, con uno stipendio di duemila scellini al mese. Nessuno era stato in grado di stabilire se la somma fosse sufficiente per vivere, ma il papà aveva subito assicurato un piccolo aiuto.

Per Ermelinda vennero giorni di grande inquietudine; non riusciva a immaginare la sua vita lontana dalla famiglia, dalla città nella quale era nata e vissuta, dalle sue amiche. Si era allontanata dalla Sicilia solo una volta, insieme ai genitori, nel 1950, per l'Anno Santo. Aveva attraversato lo stretto di Messina col batticuore, conscia del grande momento che stava vivendo. Le sorelle erano rimaste con la nonna; solo lei, la maggiore ormai undicenne, aveva avuto il grande privilegio di fare quel viaggio memorabile per vedere il Papa, il Vaticano e visitare le sette chiese (benché quattro sarebbero state più che sufficienti) e cioè San Pietro, naturalmente, poi San Paolo fuori le Mura, San Giovanni in Laterano, Santa Croce in Gerusalemme, San Lorenzo fuori le Mura e santa Maria Maggiore. Per la settima era mancato il tempo; tre giorni faticosissimi, una sfacchinata che non avrebbe mai dimenticato. In classe poi, su richiesta della professoressa, aveva dovuto fare una specie di rapporto piuttosto dettagliato, in piedi accanto alla cattedra; per fare più colpo sulle compagne che non avevano mai messo il naso fuori dalla loro città si era permessa qualche correzione e qualche omissione, cioè aveva eliminato tutti i lati negativi delle tre giornate, le corse, la confusione nelle chiese dove era impossibile vedere qualcosa per la troppa gente, il male ai piedi, la stanchezza e non per ultimo la noia. Ma questa della noia non lo ammise neanche a se stessa.

Un peccatuccio di vanità, come era stata rimproverata dal confessore, che le aveva somministrato qualche Avemaria e Paternostro in più.

Già allora aveva una fantasia che correva a briglia sciolta sbizzarrendosi come un puledrino alle prime armi, senza prevedere le reazioni che ogni volta questo suo fantasticare le procurava: le piaceva infatti inventarsi incontri con coetanei, ma anche con adulti, che spuntavano da chissà dove, affermando di averli conosciuti in circostanze tutte particolari. E raccontava storie piuttosto confuse su luoghi e persone, in realtà mai visti, dove era assolutamente convinta di essere stata.

Tutto ciò metteva la madre in crisi e si poteva scommettere che dopo una di queste uscite scoppiasse una discussione fra la madre e la nonna che viveva con loro. L'accusa era sempre la stessa: la nonna con i suoi racconti fantastici confondeva le idee nelle teste ancora in via di formazione dei suoi bambini, incoraggiandoli a inventarsi storie senza capo né coda. Di pari passo venivano criticati aspramente i metodi educativi della nonna che da persona non istruita e senza la minima conoscenza della pedagogia e ancor meno della psicologia, come ogni volta non mancava di sottolineare, non aveva nessuna idea della psiche infantile.

Fin qui il tono era quasi sempre pacato, anche perché la figlia cercava di giustificare il comportamento della madre con la scusa della sua ignoranza, ma bastava che la nonna, alquanto piccata da tanta saccenteria, si mettesse sulle difensive dicendo che da che mondo è mondo ai bambini sono sempre piaciute le fiabe con l'orco e la *mammatrava*, per arrivare agli urli e alla famosa frase:

«I figli sono miei e li educo come voglio io.» A questo punto la nonna chiudeva la discussione ritirandosi nella propria stanzetta senza aggiungere altro, borbottando solo:

«Fai come credi.» Tanto sapeva che con la figlia non era più possibile ragionare.

I bambini disorientati ma nel frattempo abituati a quelle scenate, continuavano a giocare, zitti zitti, facendo finta di non sentire, quasi la cosa non li riguardasse. Ma a loro piacevano le fiabe e il mondo magico della nonna, mentre la mamma non raccontava mai niente, diceva anzi che le fiabe sono solo invenzioni di gente dalla fantasia malata.

Ermelinda in particolare amava le fiabe, soprattutto quelle dove apparivano fate, gnomi e naturalmente il principe azzurro, e se la nonna per qualche tempo, dopo le sfuriate della figlia, diceva di non saperne altre, lei se le raccontava da sola. E quando anche la sua fantasia si esauriva, arrivavano i sogni. Sognava infatti veri e propri romanzi a puntate. La scena era sempre la stessa: in riva al mare, una spiaggia deserta, una distesa di sabbia che si perdeva a vista d'occhio, un veliero corsaro in lontananza e una piccola principessa. Un gruppo di uomini neri si buttavano su di lei e la trascinavano via. In quel preciso momento si udiva lo scalpitio di un cavallo e un puntino luminoso si avvicinava a gran velocità. In uno sfolgorio di luci appariva un guerriero in una magnifica armatura luccicante come il sole, la stessa armatura dei Paladini di Francia che una volta aveva visto all'Opera dei Pupi. In piena corsa, con un braccio solo, sollevava da terra la bambina indifesa (che poi era lei) e tutto finiva lì.

Il gesto meraviglioso di quel braccio fasciato da un bracciale di ferro che si protendeva verso il basso; il cavaliere che si piegava sulla staffa come un acrobata; il cavallo, naturalmente bianco, che schiumava per la corsa: tutto la riempiva di un'estasi, di una gioia così intensa che ogni volta si svegliava col cuore in tumulto, quasi sul punto di scoppiare. Si riaddormentava subito dopo col desiderio di ripetere lo stesso sogno e di non svegliarsi, per favore, per arrivare finalmente al castello. Come avrebbe voluto vedere quel castello, almeno da lontano, le torri merlate, il ponte levatoio e tutto il resto, che conosceva dalle illustrazioni dei suoi libri. Da sveglia poi, aveva tutta quella scena davanti agli occhi, come una realtà da toccare con mano. E invece niente, ogni volta si svegliava nel momento stesso in cui il cavaliere la sollevava da terra. A forza di rifletterci su, finì col convincersi che era proprio quel movimento a svegliarla, troppo brusco, improvviso... se il cavaliere si fosse fermato un momento e l'avesse issata con un pochino di garbo sulla groppa del cavallo, se quel gesto fosse stato guidato da qualcosa che aveva a che fare con la cortesia, con la tenerezza, magari e... qui si perdeva, non riuscendo a trovare un seguito, un finale soddisfacente.

Non raccontò mai a nessuno quella serie di sogni fantastici. Neanche alla nonna.

La nonna.

Il pensiero di quella separazione le procurava un vuoto allo stomaco, un malessere mai conosciuto.

Con la mamma aveva poca confidenza, la vedeva poco, solo il pomeriggio e non sempre.

E poi la mamma era impaziente e autoritaria. Convinta di dover prendere le redini in mano nell'educazione dei figli e nell'organizzazione del ménage famigliare, non tollerava nessun intervento in quello che considerava sue esclusive competenze. E questo significava guerra continua con la propria madre, ormai in pianta stabile da loro da quando era nata Ermelinda. Certo, dovendo lavorare, aveva bisogno di un aiuto in casa, una comodità che a sentir lei la metteva in posizione subalterna, addirittura di dipendenza nei confronti della madre. Cosa che soltanto in parte rispondeva alla verità, infatti la nonna per amore della pace in famiglia era sempre pronta a cedere. A ogni scontro reagiva infatti sempre con la frase: fai come credi.

Ermelinda, insieme alle due sorelle e al fratellino, arrivato quando nessuno più se lo aspettava, era stata cresciuta dalla nonna, una donna semplice, appunto, senza quella istruzione scolastica cui la figlia attribuiva tanta importanza, ma con una saggezza dettata più dall'esperienza che da ogni 'sicologia'[1] libresca. A conti fatti, nonostante gli interventi di disturbo della figlia, era lei a tenere ben saldi i fili di quel nucleo famigliare.

La nascita dell'ultimo figlio, otto anni prima, aveva scombussolato l'equilibrio della famiglia. Ermelinda aveva accolto quel bambino con una sorta di religiosità, quasi consapevole del miracolo della creazione, riservato solo alle donne: aveva seguito con apprensione le varie fasi della gravidanza della madre e soprattutto l'ultimo mese era stato motivo di angosce inesprimibili. Inconsciamente temeva per la sua vita e forse anche per quella della creatura che in qualche modo doveva uscire dal suo grembo, non sapeva come, non osando chiedere chiarimenti alla nonna e tanto meno alla mamma. Le due sorelle al contrario ridacchiavano della sua ignoranza: a scuola avevano sentito di un buco speciale che al momento opportuno si sarebbe aperto... come, nessuno lo sapeva. La madre non si era curata di dare spiegazioni, troppo occupata dal nuovo evento, piuttosto problematico data la sua età e la nonna, anche lei impreparata e piuttosto imbarazzata dallo stato di sua figlia, non aveva fatto nessun commento. E poi il trionfo: un figlio maschio, finalmente dopo tre femmine. La conferma e chissà magari una giustificazione dell'essersi permessa ancora dopo dieci anni e alla sua età, una nuova gravidanza: un figlio maschio, quasi una

---

[1]psicologia

riabilitazione davanti ai parenti, ai colleghi, ai vicini. Di certo, la più grande soddisfazione della sua vita.

Ermelinda, allora al liceo, non vedeva l'ora di tornare a casa per coccolare il fratellino. Quasi trascurava, lei sempre una delle migliori della classe, di studiare; fu l'unico anno in cui sulla sua pagella apparve qualche sei. Ma era innamorata, semplicemente innamorata di quel bambino.

E quell'amore intenso, esclusivo, era se possibile aumentato con gli anni.

Non osava confessare neanche alla nonna la tristezza, le lacrime che versava di notte al pensiero di dover lasciare il 'suo' bambino, la nonna, le sorelle, il mondo nel quale si sentiva sicura e protetta. Non per ultimo il suo papà, al quale era legata da un affetto profondo, in un rapporto di totale fiducia.

Era lo stesso sentimento di impotenza, di perdita di sé che aveva provato da bambina, quando sentiva un dente dondolare in bocca, pronto a lasciarla per sempre, mentre nessuno capiva la sua angoscia, sola davanti a quel fatto ineluttabile. Il dente poi, trattenuto soltanto dalla forza della sua volontà, non cadeva spontaneamente. Andava avanti per giorni, finché un nuovo spasimo si aggiungeva al primo... avrebbe potuto inghiottirlo, mangiando. La nonna capiva che era necessaria un'azione di forza e arrivava con una piccola tenaglia, un oggetto da gioielliere e la pregava di aprire la bocca. Lei, con le lacrime agli occhi, si difendeva pur sapendo di non avere nessuna possibilità di salvezza. E quell'angoscia si ripeteva ogni volta, per ogni dente.

Ora non poteva permettersi di rifiutare, sarebbe stata una gran vigliaccheria e lei aveva l'obbligo di non mostrare alcuna debolezza. Fin dalla più tenera età non aveva fatto altro che sentire:

«Tu devi essere di esempio alle tue sorelline. Sei la più grande, devi essere ragionevole.» Inoltre dopo la laurea, ottenuta con il massimo dei voti, come del resto ognuno si aspettava da lei, aveva avuto qualche sporadica supplenza alle scuole medie, una settimana qui, una là; quando poi cominciava ad avere un rapporto più personale con gli scolari, doveva andar via. A lei piaceva insegnare. Diceva di averlo nel sangue, ereditato dai genitori (anche il padre era maestro di scuola); ma c'era soprattutto il suo amore per i bambini, la capacità di identificarsi con loro, la comprensione che le veniva anche dall'esperienza giornaliera col fratellino, il suo avvicinarsi al mondo infantile con sensibilità, da pari a pari, lei stessa ancora bambina.

Si aspettava che venisse bandito un concorso, se ne parlava di tanto in tanto, e avrebbe dovuto sostenere gli esami a Roma, tutto in un futuro non ben definito.

Ora doveva separarsi da tutto questo per approfondire le sue conoscenze della lingua tedesca – non sapeva lei stessa perché avesse scelto proprio tedesco come materia facoltativa, forse per via di un'amica che faceva lingue e l'aveva invogliata ad andare insieme a lei, – e vivere la grande avventura della sua vita, lontana dalla famiglia e, come non bastasse, all'estero.

Indipendente!

Così aveva detto papà.

«Questo viaggio ti insegnerà a badare a te stessa: ogni uccellino deve uscire dal nido, imparare a volare prima di costruirsi il proprio nido, la propria vita. Maturerai, non è soltanto per via della lingua che devi andare; a volte ho l'impressione che tu non sia ancora uscita dal guscio. In questa famiglia l'infanzia si prolunga oltre l'ordinario. Forse è colpa nostra; il contatto quotidiano con centinaia di bambini ci rende ciechi verso la realtà della nostra famiglia; voi crescete e noi quasi non ce ne accorgiamo. E poi, devi liberarti da questo maledetto provincialismo, vedere il mondo, conoscere altra gente.»

Il padre non perdeva occasione di raccontare del suo soggiorno a Vienna, prima dell'Annessione, nella vecchia Vienna fra le due guerre, qualche anno prima del grande cataclisma. Anche lui aveva studiato tedesco, ma il suo viaggio aveva avuto un motivo sentimentale che lasciava trapelare qua e là, con discrezione, evitando soprattutto di parlarne in presenza della mamma. Una signora non ben identificata, che aveva conosciuto a Siracusa, una signora austriaca, sposata, in viaggio insieme al marito, archeologo. Lui giovane, scapolo, allora insegnante in quella città. Lei in giro per i negozi, sola... Le aveva fatto da interprete.

«Quella è gente che vive in modo completamente diverso da noi; sono liberi, hanno orizzonti aperti, una visione del mondo senza le restrizioni, i pregiudizi, gli arcaismi che accompagnano la nostra esistenza. Lì una donna è prima di ogni cosa un essere umano, cioè non viene definita a motivo del proprio... (e non osava pronunciare la parola sesso in presenza delle figliole) genere. Qui da noi una donna che studiava, allora, dico venti-trent'anni fa, prima della guerra, era guardata male. Le vostre nonne non hanno potuto frequentare più della seconda elementare e non erano le sole; e questo non soltanto in Sicilia, paese retrogrado per eccellenza, col più alto tasso di analfabetismo; anche nel nord, nel Continente, erano poche le ragazze che potevano studiare, andare sole in giro, decidere della propria vita, delle proprie scelte. Voi adesso non avete la minima idea di come si vivesse allora, non si vedeva una donna o una ragazza sola per strada. La tua professoressa, per andare all'Università doveva farsi accompagnare dal padre, me lo ha raccontato lei personalmente e non lo crederete, ma le ragazze che allora frequentavano l'Università si potevano contare sulle dita di una mano.»

In viaggio

Il padre l'accompagnò fino a Roma. Partirono insieme, una domenica mattina, ai primi di settembre.

La seconda volta che Ermelinda passava lo stretto di Messina.

Il mare era agitato – quel tratto di mare è quasi sempre agitato – l'angoscia svuotava la testa di ogni pensiero coerente e il mal di mare le rivoltava lo stomaco.

Sempre questa ineluttabilità. Il non poter dire 'NO', essere trascinata dalla volontà altrui, sentirsi costretta dalla propria ragione: in quali dimensioni si muove la ragione? Chi la guida o meglio le impone certe regole? Non amava il mare e non sapeva nuotare. E ora si dibatteva sulla nave-traghetto in balia di quelle onde mostruose, che si alzavano e si abbassavano come il respiro di un enorme animale marino. È ragionevole tutto questo?

L'acqua in generale era per lei un organismo formato da milioni di organismi tutti uniti fra di loro in una massa di una potenza immane. Il mare per lei aveva la stessa potenzialità devastante dell'Etna, la stessa imprevedibilità, la stessa energia primordiale capace di annientare tutto, senza alcuna razionalità. O meglio con una razionalità propria, governata solo dalla causa e dall'effetto. Una forza immane che avrebbe potuto ucciderla, trascinarla nelle sue profondità.

E pur essendo nata praticamente in riva al mare, non lo amava, anzi lo temeva, come temeva l'Etna che fumava sopra la sua testa giorno e notte, innocuo a prima vista, quasi un'attrazione turistica da cartolina illustrata, mentre sapeva per esperienza vissuta, quale furia distruttiva si nascondesse dietro quel fumo così innocente.

Perché non si era aggrappata alla terra, alla sua terra, perché non aveva gridato che voleva restare nel proprio angolino, che non sapeva che farsene dell'indipendenza tanto decantata dal padre? Era indipendente lui? E la nonna e tutti gli altri che conosceva? Perché proprio lei doveva cercare quello di cui nessuno sembrava aver bisogno?

A Roma non si mossero dalla stazione Termini, sbalorditi dall'eleganza e dalla modernità dei tanti negozi che si affacciavano su una specie di grande strada coperta che attraversava da una parte all'altra la stazione stessa. Un lusso da metropoli internazionale. E la quantità di gente che andava e veniva, come al passeggio di domenica, sulla via Etnea. Era difficile distinguere le persone che aspettavano l'arrivo di parenti o amici, dai curiosi sfaccendati che perdevano il loro tempo a osservare chi saliva e scendeva dai treni. Un movimento di gente di vario genere, dai tipi loschi, facilmente riconoscibili, in cerca di affari altrettanto loschi, ai ragazzini che si rincorrevano eccitati da chissà che cosa, ai viaggiatori che si affrettavano ai treni e altri che arrivavano, carichi di valigie.

E loro due, ognuno chiuso in un involucro sottilissimo di timori inespressi, pronto, al minimo tocco a lacerarsi, sentivano forse per la prima volta una sorta di pericolo incombente, un'angoscia nuova che nasceva da un vuoto dentro, da un non riconoscersi più per quello che erano stati ancora ieri. Dimentichi persino del proprio nome. Era come se, dopo aver attraversato lo Stretto, avessero perso la propria identità, rimasta dietro le loro spalle, oltre il mare, attaccata alle zolle, alle pietre della loro isola.

Ermelinda, ma anche il padre, ebbe la chiara sensazione di non essere più in un luogo conosciuto, di essere già all'estero. Quella gente non era più la loro gente, e si vedeva: italiani del Continente, gente che non aveva la loro stessa Storia, la loro stessa lingua e perciò stranieri. Sballottati qua e là, confusi e in balia di quella massa eterogenea, temevano di perdersi, cioè di perdere quella parte di sé della quale fino a poco tempo prima non erano stati coscienti. Si chiusero in un guscio, in una specie di corazza, per proteggersi, per non lasciarsi travolgere dalla marea di visi sconosciuti.

Ermelinda attribuì il proprio disagio al provincialismo di quel Sud messo sempre sotto accusa dal padre, quasi si trattasse di un marchio di inferiorità, qualcosa di vergognoso da nascondere.

Ma anche lui era insicuro, smarrito; tutto il corpo trasmetteva inquietudine, stato di allarme. La figlia per la prima volta scoprì la sua fragilità e ne fu commossa, anzi provò una nuova tenerezza verso quel padre che fino ad allora aveva creduto forte e sicuro di sé.

Ormai pomeriggio inoltrato, cercarono il treno e il vagone diretto a Vienna. Il padre salì insieme a lei, sistemò il suo bagaglio e la lasciò solo dopo aver guardato bene in faccia gli altri viaggiatori dello scompartimento. Non trascurò di raccomandarla a una signora che però dichiarò di scendere a Villach. Ermelinda si vergognò. Considerò quelle raccomandazioni fuori posto. Certo, era il suo primo viaggio da sola e oltre a tutto all'estero, ma non era più una bambina. Solo la ruga in mezzo alla fronte del padre, al momento dei saluti, mentre il treno si metteva in movimento, le fece capire l'apprensione, l'ansia che agitava quell'uomo, nonostante l'espressione incoraggiante degli occhi e il sorriso sulle labbra. Vide la sua mano alta, sopra le teste delle altre persone rimaste sul marciapiede, in un saluto timido, fino a che il treno lasciò la stazione. Per la prima volta sentì un forte senso di appartenenza, di unione con quell'uomo, piccolo, grigio, modesto, che conosceva così bene, che le aveva assicurato una vita protetta, un'infanzia serena. Fu uno strappo dalle sue radici, una lacerazione dolorosa. La prima vera lacerazione.

Sola, inghiottì due grosse lacrime che per un momento avevano minacciato di traboccare. Si precipitò nel suo scompartimento e si arrampicò subito sulla sua cuccetta. Andava in un paese di gente civile e non nella foresta vergine, fra selvaggi e bestie feroci, si ripeteva, soffocando i singhiozzi. Anche il pensiero della lettera di presentazione del suo professore di tedesco e la serie di informazioni su come organizzarsi finì col tranquillizzarla.

Non chiuse occhio quasi tutta la notte, non abituata ai rumori, agli ondeggiamenti, al dondolio quasi continuo dei vagoni sulle rotaie; e poi a ogni fermata le porte che sbattevano, il fischio della partenza, la luce spettrale delle stazioni che penetrava attraverso il finestrino, benché qualcuno avesse abbassato una specie di tenda grigiastra. Chissà perché appena il treno cominciava a perdere velocità veniva presa da un vero e proprio attacco di panico e il cuore si metteva a battere all'impazzata. Immaginava la campagna persa nel buio della notte e quel treno fermo, qualche finestrino illuminato e le centinaia di persone che dormivano nelle loro cuccette, ignare di quanto accadeva nel resto del mondo, estranei gli uni agli altri. Se fosse accaduto qualcosa, un incendio o un qualsiasi disastro, quelle singole persone si sarebbero trasformate in una massa urlante, ognuno deciso a salvare la propria pelle anche a costo di calpestare a morte il suo vicino. Pensieri confusi si accavallavano, fantasie di orrori e un'ansia che le chiudeva la gola. Un vivo senso di solitudine, come se tutta l'umanità si fosse raccolta in un unico ammasso, informe e minaccioso. E lei sola, da una parte.

Soltanto dopo aver passato la frontiera riuscì ad appisolarsi, ma era già l'alba.

Arrivò in mattinata e per fortuna – ma lei non sapeva della sua fortuna – era una bella giornata autunnale, fresca, per non dire fredda. Già in stazione si vide costretta ad aprire la valigia per tirar fuori una giacca di lana. Il suo vestitino estivo, leggero, buono soltanto per il caldo siciliano, le sembrò quanto mai inadeguato a quel clima, e anche il maglioncino di lana che aveva pescato per primo non era abbastanza caldo. Si pentì di non aver messo le calze.

Südbahnhof.

Come era diversa dalle stazioni italiane. Gelida, grigia, per niente luminosa ed elegante come la Stazione Termini, ma nuova di zecca, inaugurata appena qualche anno prima.

Aveva un indirizzo dove, appena arrivata, avrebbe dovuto rivolgersi. Il suo professore, austriaco, innamorato della Sicilia già da prima della guerra, l'aveva fornita di tutte le informazioni necessarie. Doveva recarsi subito all'ASTA, un'organizzazione studentesca che si occupava di sistemare gli studenti in stanze private ed eventualmente in case dello studente. Le aveva anche detto che si trovava dalle parti dell'Albertina.

Faticosamente trascinò la pesante valigia fuori della stazione e si avviò verso la fermata dei tram. Lesse diversi numeri, nomi che si riferivano sicuramente ai capolinea, senza capirci niente; scoraggiata, non trovò niente di meglio da fare che sedersi sulla valigia e guardarsi intorno in cerca di un'ispirazione. Una signora anziana che l'aveva osservata mentre usciva dalla stazione, si avvicinò. Le chiese qualcosa che lei non capì. Era intontita dal lungo viaggio, dalla notte insonne e da una sorta di fatalismo che si era impossessato di lei appena scesa dal treno. Subito pensò che tutto lo studio della lingua tedesca non era servito a niente. Rispose in italiano chiedendo come poteva arrivare all'Albertina. La signora subito attaccò in italiano.

«Ho capito subito che lei viene dall'altra parte delle Alpi: la figura, il vestito, tutto tipicamente italiano. Mia madre era triestina, quando Trieste era ancora austriaca; molti della mia generazione a Vienna parlano italiano. Venga con me, l'accompagno io. Devo andare da quelle parti. Noi abbiamo sempre amato gli italiani e quando li governavamo noi stavano bene anche loro. Sono stati anni buoni per tutti, anche per gli italiani, benché non l'abbiano mai voluto ammettere. Ma la fedeltà, la lealtà non sono mai stati il loro forte: gli italiani non hanno princìpi, sono superficiali. E sempre gli stessi voltafaccia. Non imparano niente… due volte ci hanno traditi, ben due volte! Un popolo senza serietà, ecco. Ma è il loro carattere, lo sanno tutti che sono fatti così e con tutto ciò noi continuiamo ad amarli… ma non li stimiamo per niente, questo è sicuro.»

E continuò di questo passo fino all'arrivo del tram, quasi senza mai riprendere fiato, per evitare forse che la sua ascoltatrice potesse intervenire con qualche osservazione che avrebbe potuto interrompere il flusso dei suoi pensieri. Un sistema di certo sperimentato varie volte: non lasciare mai all'altro la possibilità di aprire bocca, per non correre il rischio di non poter riaprire la propria.

Salite sul tram, Ermelinda tirò fuori dal piccolo portafoglio un biglietto da cento scellini, che le aveva dato il padre alla stazione di Roma per far fronte alle prime spese. La bigliettaia protestò sgarbatamente, alzando anche la voce e gesticolando per farle capire che non si può salire su un tram con soli cento scellini in tasca, che avrebbe dovuto cambiare prima, eccetera eccetera. La conclusione di tutta quella scenata fu che dovette lasciarla senza biglietto perché non aveva il resto. Ermelinda, più che mai imbarazzata e non riuscendo a capire una sola parola di quanto la donna blaterava in un viennese da suburbi, si limitava intanto a guardarla (fra l'altro non aveva mai visto una donna fare questo mestiere) con gli occhi più innocenti del mondo. Per fortuna il tram era mezzo vuoto; le poche persone che sedevano piuttosto sparpagliate nella vettura non la degnarono di uno sguardo, ognuno sprofondato nella lettura del giornale o soltanto gli occhi fissi davanti a sé, del tutto sordi o ciechi verso quanto succedeva a qualche metro di distanza.

Ermelinda pensò alla reazione che avrebbe provocato una scena del genere nella sua città, all'intervento di almeno due uomini, due paladini di una certa età, pronti a pagarle il biglietto, una somma del resto del tutto irrisoria, per mettere fine a quel piccolo episodio sgradevole. Qui niente, tutti assenti, indifferenti e neanche imbarazzati. Chiaramente non avevano ancora imparato la lezione del loro recente passato.

Le tornò in mente di aver letto qualcosa, qualche tempo prima, sul guardare altrove per non vedere, o meglio ancora per ignorare quanto succede intorno. Occhi ciechi nei quali però restano impressi i segni del non visto, perché una parte del cervello ha percepito e prontamente registrato ciò che ostinatamente vuole ignorare. E gli occhi rispecchiano poi il non visto, impietriti in una visione forse più orrenda della realtà stessa: niente di più torbido di una verità che si cerca di nascondere, ignorare, dimenticare. La cecità di chi non vuol vedere non sminuisce la colpa del non essere intervenuto, anche se si tratta di un atteggiamento collettivo che forse accomuna, ma non redime. Riguardava il periodo più vergognoso della Storia umana, quando tutti ignoravano quanto succedeva davanti alla porta di casa e anche dentro casa; qualcosa di ingombrante, una macchia indelebile che si sarebbero portata dentro per tutti gli anni successivi.

Sempre più disorientata da quella scena e dalle considerazioni che suo malgrado era stata costretta a fare, sistemò la valigia sotto il sedile e si sedette. La sua accompagnatrice, alta e magra, gli occhi chiari e i capelli grigi, vestita con cura anche se assai modestamente, le si sedette subito accanto. Neanche a lei era venuta in mente l'idea di offrirle il biglietto del tram, e durante tutta la disputa con la bigliettaia si era tenuta da parte, per non dare a vedere di essere in sua compagnia; anzi, interpellata da quest'ultima, alquanto risentita aveva subito risposto di non conoscerla affatto.

Ora riprese a parlare, sottovoce, sempre in italiano. Le disse di vivere sola con una piccolissima pensione, di aver perso l'unico figlio in guerra e di avere pochi parenti; le fece un racconto piuttosto dettagliato della sua vita non tralasciando nessun particolare, arrivando perfino ai pettegolezzi dei vicini di casa che però la ragazza non seguì, tanto era presa dalle prime impressioni della città, dalle strade che attraversavano, i palazzi, le chiese. E così un po' l'ascoltava, un po' guardava fuori dal finestrino, imbarazzata, stordita, senza aprire bocca, preoccupata di non perdere niente delle cose che portava con sé: infatti oltre alla valigia e a un borsone di stoffa che teneva stretto in grembo, aveva il cappotto sul braccio e un sacchetto con qualche panino che il padre era corso a comprare ancora nella stazione di Roma e che lei non aveva neanche toccato. Senza contare la borsetta col passaporto, il minuscolo portafoglio nel quale aveva riposto di nuovo i cento scellini intonsi, le fotografie di famiglia che la nonna all'ultimo momento si era premurata di darle e altre piccole cose.

Poco distante dalla fermata del tram, dove la vecchia signora l'aveva fatta scendere, vide un gruppo di studenti davanti a una porta, si avvicinò e lesse un avviso attaccato alla porta: apertura dalle undici in poi. Guardò il suo orologino da polso, mancava ancora mezz'ora. Si accorse di essere la sola ragazza ad aspettare; gli altri, tutti studenti più o meno della sua età, discutevano animatamente fra di loro, quasi si conoscessero da tempo.

Dopo qualche minuto fu avvicinata da un giovanotto di media statura, vestito con ricercata eleganza, magro, i capelli neri corti, la pelle olivastra, tipicamente levantina, un bel viso dai lineamenti molto fini, un naso sottile, nobile, le labbra tumide. Le parlò subito in italiano e in francese, passando con estrema disinvoltura all'inglese. La stessa frase detta con gentilezza in tre lingue era:

«Cerchi anche tu una stanza?» Ermelinda lo fissò un secondo stupita. Che strana apparizione. Non poteva essere uno studente vestito così, senza contare il fare cerimonioso, la studiata cortesia, il modo di guardarla, intenso, serio, quasi volesse scrutarla dentro per capire subito con chi aveva a che fare, e anche per rassicurarla: lui non era il solito pappagallo che importuna le ragazze.

«Sì.» Il giovane proseguì subito in italiano.

«Vedo che sei arrivata proprio adesso. Io sono arrivato ieri sera e ho dovuto cercarmi un albergo vicino alla stazione. Mi chiamo Rahimi, sono persiano, e tu come ti chiami?»

«Ermelinda.» E pronunciando il suo nome non riuscì quasi ad aprire la bocca, tanto era imbarazzata.

«Sai il tedesco? Io non parlo una parola e sono qui appunto per impararlo. Ci sono degli ottimi corsi all'Università e appena avrò una stanza andrò a iscrivermi. L'Università deve essere qui vicino.»

Ermelinda cercò di svegliarsi da quello stato di torpore nel quale era caduta da quando era salita sul treno, la mattina precedente. Come era lontana quella mattina! Pensò di approfittare di quella nuova conoscenza per andare insieme a lui all'Università; sembrava uno abituato a viaggiare, capace di trarsi d'impaccio in ogni situazione, anche senza conoscere la lingua del luogo.

Finalmente la porticina dell'ufficio si aprì da dentro e una voce invitò ad entrare. Impresa assai difficile, infatti più di due persone alla volta non entravano in quella specie di sottoscala e una delle due persone era appunto lo studente incaricato dall'Università. Arrivato il suo turno Ermelinda riuscì ad entrare insieme a Rahimi che fungeva da interprete, fra l'italiano e l'inglese. Le venne offerta una stanza per duecento scellini al mese in una casa senza bagno e senza acqua corrente, cioè avrebbe dovuto lavarsi in cucina in una bacinella e usare il cesso comune sul ballatoio, spiegò il giovanotto.

Fra gli anni Trenta e Quaranta dell'Ottocento, Vienna era stata teatro di un grande sviluppo economico, cioè aveva avuto inizio quel processo che segnò il passaggio dall'artigianato alla piccola e grande industria. L'artigianato tessile, e in particolare quello della manifattura della seta, aveva preso proporzioni di carattere industriale; Vienna produceva in tale quantità da poter esportare i propri prodotti, e non soltanto tessili, con ingenti profitti. Molti piccoli artigiani erano stati costretti a chiudere le proprie botteghe per far posto a grossi imprenditori che occupavano fino a mille e più operai, mal pagati e sfruttati in modo disumano, con un'espansione mai conosciuta prima – da qui l'espressione 'Seidenfrabrikant''[2] *per definire un certo tipo di nuovi ricchi e di speculatori disonesti. A questo si era aggiunta una nuova liberalizzazione sociale concessa agli ebrei dell'Impero; i due fattori, lavoro e libertà di azione, avevano provocato un'enorme ondata di emigranti provenienti in gran parte dalla Boemia e dalla Moravia. Quest'afflusso di gente – per lo più uomini soli – appartenente alla classe più disagiata dell'Europa orientale, provocò grandi difficoltà di carattere organizzativo. Più della metà della popolazione, nella Vienna degli anni Sessanta del XIX secolo, non disponeva di un'abitazione degna di questo nome. In una camera e cucina potevano pernottare da sei a dieci persone, e pernottare significava il diritto a un giaciglio e solo per poche ore. Nacque così una nuova espressione per definire questo particolare tipo di persone, 'Bettgeher'*[3]*. Altri trovavano rifugio sotto i ponti del Danubio o in ricoveri messi a disposizione dalle fabbriche stesse a prezzi astronomici, magazzini, depositi dove venivano ammucchiati gli operai in condizioni inimmaginabili per un popolo civile. Benché fino alla fine del XIX secolo il Comune avesse costruito casermoni, con un gran numero di abitazioni a poco prezzo, le cosiddette*

[2] Fabbricante di seta
[3] parola intraducibile, che indica colui che va a letto

'Zinskasernen', la situazione restò fino all'inizio della seconda guerra mondiale assai precaria. Le case degli operai non avevano servizi igienici e acqua corrente. Tanto è vero che ancora oggi è possibile vedere in molti palazzi del tempo, nel ballatoio di ogni piano, una porticina a parte, col cesso, e un lavandino di ferro smaltato con rubinetto, l'unico distributore di acqua per tutti gli abitanti di quel piano, la cosiddetta Bassena, luogo d'incontro, di pettegolezzi, liti, insulti che spesso finiscono in tribunale; un'istituzione tipicamente viennese e austriaca in generale, da cui l'espressione 'Bassenatratsch'[4] *e 'Bassena-Prozesse'.*[5]

Rahimi cercò di spiegarle come funzionava questo sistema, nuovo anche per lui (lo studente dell'Asta aveva accennato a queste usanze) ma lei non capì. Disse solo che non era disposta a lavarsi in cucina e che aveva bisogno di un gabinetto in casa. Lo studente dell'Asta la squadrò con molta attenzione, sbalordito, poi le fece capire che per una stanza con bagno avrebbe dovuto pagare il doppio e anche il triplo, senza contare che per quattro mesi nessuna padrona di casa avrebbe accettato di prenderla, dato che a metà semestre sarebbe stato difficile trovare un nuovo inquilino. Il giovane persiano si sbracciava a tradurre e lei continuava a non capire. L'incaricato dell'Asta infine, snervato, ma anche disorientato dalle reazioni della ragazza, cominciò a scorrere la sua lista di indirizzi e dopo qualche telefonata le mise in mano un biglietto con un nome e un indirizzo, intanto che gli altri studenti dietro la porta cominciavano a protestare.

Rahimi aveva mantenuto la calma per tutto il tempo, dimostrando una flemma tipicamente orientale; per lui l'impazienza dell'impiegato dell'Asta e la scortesia degli altri studenti erano solo segni di una società cui mancavano i più importanti sostegni di una comunità civile: tolleranza e ri-

[4] pettegolezzi della fontana
[5] processi della fontana

spetto dell'altro. Uscendo non poté trattenersi dal fare qualche commento sull'accaduto, mentre Ermelinda, senza prestargli troppa attenzione, si preoccupava di mettere ordine fra le proprie cose, già tutta presa dal momento che sarebbe seguito. Rahimi guardando la pianta della città, che aveva tirato fuori da una tasca della giacca, le indicò il II Bezirk e la strada dove a detta dello studente dell'Asta avrebbe trovato la sua nuova dimora; lui invece cercò il proprio indirizzo quasi fuori città, dove avrebbe preso in affitto una casetta d'altri tempi, solitaria e senza vicini, proprio come desiderava.

Si salutarono fissando un appuntamento davanti all'Università.

Rahimi aveva detto che il II Bezirk era lì vicino, ma non aveva saputo darle altre indicazioni, forse anche lui stanco delle trattative e impaziente di sistemare le proprie cose. Che fare? Si sedette di nuovo sulla valigia e si guardò intorno. Avrebbe dovuto pregare Rahimi di aiutarla ancora una volta, indicarle almeno la direzione, o il numero del tram. Confusa, intontita dalle lunghe trattative di prima, non aveva saputo reagire tempestivamente, solo quando lo vide sparire sul predellino del primo tram che passava si accorse di ritrovarsi nella situazione di prima, sperduta nella grande città.

Un poliziotto le si avvicinò e le chiese qualcosa che lei non capì; era gentile, giovane, e sorrideva con una certa galanteria. Ermelinda alzò su di lui due occhi smarriti e il giovane a segni le fece capire che era lì per aiutarla. Aveva un fare rassicurante e, anche se divertiti, i suoi occhi erano buoni. La ragazza gli diede il bigliettino con l'indirizzo e finalmente riuscì a pronunciare qualche parola in tedesco, almeno per fargli capire che cosa stava cercando. Il poliziotto subito le disse di alzarsi, afferrò la pesante valigia e salì insieme a lei su un tram che si era fermato proprio davanti a loro. Fu necessario cambiare ancora una volta e dopo qualche tempo si ritrovò insieme al poliziotto davanti a un portone della Böcklinstrasse. Era arrivata. Il giovane entrò deciso, scambiando qualche parola con la portinaia e si avviò verso una porta, al pianterreno. Suonò e consegnò la valigia alla ragazza con un cerimonioso inchino. Ermelinda lo avrebbe abbracciato tanto gli era grata, ma non osò neanche dargli la mano, né riuscì a sorridere al suo saluto; lo guardò soltanto, stordita, quanto mai impacciata, con un vago sentimento di inferiorità: la classica provinciale, pensò subito.

Una casa viennese

La porta si aprì dopo lunghi minuti: la signora, pur sapendo della sua venuta, sembrava contrariata di vederla così presto. Forse non aveva fatto in tempo a mettere ordine nella stanza o chissà che cosa la rendeva scortese. Col tempo dovette constatare che quel modo sprezzante, quel suo trattarla dall'alto in basso, non aveva niente a che fare con la sua persona in particolare. La signora era sempre così, con tutti. La mattina si alzava già col naso arricciato e la fronte aggrondata, come di chi sa già in partenza di doversi mescolare con gentaglia della peggiore specie. In ogni caso di condizioni inferiori alla sua.

Abitava da sola un vasto appartamento in un palazzo ottocentesco della Vienna fine secolo. Lei stessa sembrava il residuo di un'altra epoca, o meglio un testimone dimenticato, smarrito in tempi non suoi. Aveva l'aspetto di un uccello rapace, un uccello denutrito però, quattro piume spelacchiate su pochi ossicini privi di carne, e due piccoli occhi rotondi, azzurri, forse verdi, seminascosti nella profondità delle occhiaie. Le sopracciglia, chissà in seguito a quale trattamento depilatorio definitivo, erano state sostituite da un sottile tratto di matita nera, molto al di sopra dell'arco sopraccigliare, secondo una moda passata almeno da una ventina di anni, che aumentava se possibile quel suo modo sdegnoso di guardare il mondo. Tutta la persona, minuscola, nervosa, era scossa da una sorta di tremito che non riusciva a dominare. La signora doveva essere stata una rossa, almeno da giovane; la pettinatura corta, a ricciolini, un misto fra il bianco e il rosso, incorniciava un viso lungo e magro; un gran naso dominava, anzi si imponeva all'osservatore. Non era bella, ma nonostante l'irregolarità dei lineamenti non si poteva definire una donna brutta. C'era in lei qualcosa di particolare, un segno di razza cui evidentemente teneva molto. E forse per sottolineare questa sua appartenenza a una razza superiore aveva preso l'abitudine di socchiudere le palpebre a metà pupilla, proprio come fanno gli uccelli quando sonnecchiano sopra un ramo, all'imbrunire. Lei non sonnecchiava affatto, anzi era torturata da un'insonnia persistente, ormai cronica: forse era questo il vero motivo della sua irrequietezza e del perenne malumore.

La signora l'accolse – ma si tratta di un eufemismo – parlando speditamente in francese; la pronuncia però denunciava la sua origine viennese, senza contare una particolare cantilena, una nasalità che in seguito Ermelinda ritrovò in molti viennesi di una certa classe sociale, una specie di distintivo, un simbolo di appartenenza a un ceto privilegiato. Si affrettò subito a soggiungere di sapere anche l'italiano (anche nella sua famiglia c'era stata una nonna triestina che non aveva mai imparato il tedesco) ma di preferire il francese, perché una lingua più colta, più da persone civili. E la voce salì impercettibilmente di tono. Aveva un modo particolare di biascicare le parole muovendo appena la bocca quasi priva di labbra che si assottigliavano, si stringevano in un moto di continuo disprezzo. Era come se non considerasse necessario pronunciare le parole per intero e con chiarezza per una sorta di disgusto verso le parole stesse o verso la persona cui venivano indirizzate.

Le disse che intendeva essere chiamata col suo titolo e cioè Frau Baronin: il nome scritto sulla targa della porta apparteneva al marito, morto da un pezzo e di origine borghese, lasciò cadere con freddezza. Lei per nascita era appunto una Baronin. Dopo questo preambolo che Ermelinda ascoltò alquanto perplessa, convinta di non aver capito niente, decise finalmente di farla entrare. Si scostò infatti da una parte e le fece cenno di procedere. La ragazza capì che le veniva concesso di varcare la soglia di quella nobile casa. Sollevò la pesante valigia ed entrò. La Frau Baronin vi gettò un'occhiata che da sola bastò ad annientarla. Per la prima volta Ermelinda notò la povertà del proprio bagaglio avuto in prestito da una zia in occasione del grande viaggio, e vide gli angoli consumati, le cerniere mezzo arrugginite, e l' impercettibile odore di miseria che portava con sé. Fu un attimo e tutto il disprezzo per la gente del Sud si rovesciò su di lei. Maledisse quella valigia, quel viaggio e, perché no, anche le proprie origini plebee.

L'ingresso, illuminato da una piccola lampada posta su un tavolino, dove scorse il telefono, era piuttosto piccolo e si perdeva in un lungo corridoio buio. Accanto al telefono vide una scatola di legno con una piccola fessura, come un salvadanaio; la padrona di casa notò il suo sguardo e subito con una certa impazienza nella voce, impazienza che non la lasciava mai, disse che bisognava pagare per ogni telefonata. Uno scellino. Telefonate assai brevi, aggiunse subito. Poi aprì una porticina, sulla sua sinistra, seminascosta nella tappezzeria della parete ed entrò. Ermelinda pensò bene di seguirla. Si ritrovò in una bella stanza da bagno all'antica: mattonelle bianche alle pareti, una grande vasca smaltata in cui era possibile vedere qua e là grosse macchie di ruggine, più un monumentale sistema di rubinetteria con pomi di porcellana e altro che nella fretta di seguire la padrona di casa non poté osservare bene. Era chiaro, quello era un bagno fine Ottocento e da allora era rimasto tutto così, non era mai stato cambiato un solo pezzo. Ma era pulitissimo. Una lampadina pendeva sul piccolo specchio sopra il lavandino. Nessuna finestra. La Frau Baronin aprì una seconda porticina e finalmente l'introdusse in una stanza dicendo:

«*Voici votre chambre, la salle de bains l'avez déjà vue*». Dopo di che, senza aggiungere altri commenti, si avviò verso una porta a due ante, laccata di bianco, che dominava tutta la parete di destra, grande, anzi grandiosa, l'aprì e la richiuse dietro di sé. Con la chiave.

Ermelinda restò accanto alla piccola porta dalla quale era entrata, la valigia a terra, la borsa, il cappotto e tutto il resto ancora nelle mani. Sbalordita. Stava sognando?

Un salone molto più grande della stanza da pranzo di casa; un bellissimo pavimento a parquet, a disegno romboidale, di legno chiaro e scuro in un gioco di intarsi trompe l'oeil che dava l'impressione di stare su una enorme scacchiera; la parete di fronte occupata da tre finestre che, si accorse subito, davano sulla strada; in mezzo un divano antico, di legno chiaro, un Biedermeier forse autentico, forse solo un'imitazione, un tavolo ovale e qualche sedia, sempre nello stesso stile. Un piccolo armadio lungo una parete, un sontuoso letto in un angolo e infine sulla sua sinistra una monumentale stufa di maiolica verde-azzurra che attirò tutta la sua attenzione. Non sapeva di che cosa si trattava. Mai vista prima una costruzione simile.

Nella sua casa non c'era riscaldamento e per i pochi giorni invernali in cui la temperatura scendeva un poco avevano uno scaldino a carbonella, un recipiente di rame risalente a tempi antidiluviani – la nonna diceva di averlo avuto dalla propria nonna – che veniva acceso soltanto la sera e rimaneva nella stanza da pranzo fino al momento in cui andavano a letto.

Quanti minuti restò immobile accanto alla porta girando solo gli occhi ancora increduli per prendere un primo contatto con la sua nuova dimora? Era ancora lì ferma allorché senti bussare alla grande porta alla sua destra. Subito dopo la chiave girò nella toppa e la Frau Baronin riapparve, la stessa faccia irritata di prima, la voce dura, le parole improvvisamente chiare, taglienti, per comunicarle che non le era permesso ricevere visite maschili, a qualsiasi ora del giorno e della notte. E se, nonostante il divieto, si fosse permessa di introdurre un visitatore di sesso maschile, e accentuò queste due parole perché le capisse bene, l'avrebbe messa immediatamente alla porta. Insieme al suo visitatore. Senza aggiungere altro fece un passo indietro e richiuse la porta a chiave.

Ermelinda si scosse, quasi fosse stata colpita da una frustata. Nonostante avesse imparato il francese a scuola e avesse continuato a leggere qualche libro negli anni seguenti, proprio per non dimenticarlo, non parlava francese da molti anni e soprattutto non era abituata a sentirlo parlare così velocemente. Capì solo che non le era permesso portare uomini in camera. Mai le sarebbe venuta in mente un'idea simile. Un uomo in camera! Senza contare il tono e l'atteggiamento sprezzante che già di per sé era un'offesa. Anche la storia del marito borghese, ormai morto, e il titolo nobiliare cui sembrava tenere molto... che pensare? Ma tutta la persona era così esotica, così fuori dall'ordinario che si proibì di spenderci un pensiero in più. Era troppo stanca e stranita per poter trarre qualche conclusione. Rimandò a più tardi.

La stanza, bellissima, la riconciliò col resto. In fondo, questa era la cosa più importante.

Infine si mosse e lasciò cadere il cappotto sul divano. Appoggiò il sacchetto con le provviste sul tavolo e subito lo rialzò temendo di aver sporcato la superficie lucidissima di quel magnifico pezzo antico: un sacchetto di carta un po' unta su quel nobilissimo tavolo! Un sacrilegio. Si guardò intorno. Nessun mobile dove avrebbe osato appoggiare qualcosa, solo il davanzale della finestra, in legno laccato di bianco, pulitissimo. Lì posò il suo plebeo sacchetto con i panini. Poi ci ripensò. Prese un panino e cominciò a sbocconcellarlo, distrattamente, continuando a guardarsi intorno.

Come era lontana la sua casa, la famiglia. Non era trascorso neanche un giorno e già il viso della nonna, delle sorelle, del fratellino, tutto sbiadiva in un lontano passato. Il presente incombeva imperativo, anzi schiacciante. Le esperienze di quelle poche ore, da quando era scesa dal treno fino a quel momento, in quella stanza, si affollarono confusamente alla sua mente. Ora si smarriva in quella stanza da castello delle fiabe con mobili di antiquariato, tende alle finestre di mussola bianca finissima che arrivavano fino a terra, con merletti e un rosone di trina, un amorino forse, circondato da rami e tralci di fiori... tutto le dava l'impressione di essere entrata in un'altra realtà, in qualche modo fiabesca, inverosimile. In seguito si sarebbe accorta che da quelle finestre meravigliose non avrebbe mai visto il sole essendo esposte a nord e che d'inverno avrebbero dato pochissima luce, nonostante l'ampiezza. Ma oggi era una giornata stupenda e l'illusione di luminosità, di fasto, era perfetta.

Finalmente osò sedersi sul divano continuando a mangiucchiare il suo panino. Trasalì e per un secondo non riuscì ad inghiottire il boccone rimasto bloccato in gola: alcune briciole erano cadute sul pavimento e sul nobilissimo tavolo! Si precipitò a raccoglierle e si guardò intorno: dove buttarle?

Come avrebbe fatto a vivere in quella stanza? Tutto le era estraneo, le sembrava di trovarsi in un museo, in un luogo dove si cammina in punta di piedi per non rovinare il pavimento prezioso, dove non è permesso sedersi sui divani antichi, toccare oggetti, magari spostare una sedia. In un luogo simile non è permesso mangiare un panino.

Guardò l'orologio e pensò di cambiarsi, lavarsi e correre all'Università per iscriversi. Aprì la valigia e cominciò a cercare qualcosa da mettere, buttando la roba sul pavimento, dato che non osava aprire l'armadio, senza contare che non aveva tempo di mettere ordine. Cercò un asciugamani. La nonna le aveva dato due asciugamani del suo corredo, ricamate con le sue iniziali, di lino pesante, ancora odoranti della cassa in cui erano rimaste chiuse per chissà quanti anni. Pensò che in quella stanza da bagno ci avrebbero fatto la loro figura, incontrando magari il consenso della Frau Baronin.

Afferrò le chiavi che la padrona di casa le aveva messo in mano poco prima di chiudere la grande porta di divisione – in realtà si trattava di una parte del salone di ricevimento della casa – e corse via. Era in ritardo e già temeva di non incontrare Rahimi davanti all'Università.

Rahimi.

Da circa un'ora lo aveva dimenticato. Chissà se era il suo nome di battesimo o il cognome. Poi pensò che essendo persiano sicuramente non era battezzato... un musulmano, un infedele, un miscredente! Camminando velocemente, rifacendo a ritroso la stessa via percorsa insieme al poliziotto, rimuginava sul fatto che un musulmano essendo di religione diversa doveva avere anche un altro Dio. Ma lei sapeva che c'è un solo Dio, così aveva imparato a casa, a scuola. Mai che nessuno si fosse dato la pena di ammettere che potesse esistere una religione diversa da quella cristiana e tanto meno un altro Dio. Ancora peggio: nessuno che avesse dubitato dell'esistenza stessa di Dio. Neanche lei aveva mai pensato che ci potesse essere un altro Dio all'infuori di quel simbolo barbuto che vedeva in tutte le chiese; per lei, come per tutte le persone che conosceva, non c'erano dubbi: Dio esisteva e con esso l'unica religione che lo rappresentava sulla Terra. L'Orlando furioso e le sue innumerevoli lotte fra cristiani e infedeli tornarono alla sua mente e gli infedeli erano nobili e coraggiosi, capaci di lealtà e tradimenti, non meno dei cristiani.

„Gli italiani per carattere sono sleali e infedeli."

Poche ore prima era stato pronunciato un giudizio tutt'altro che lusinghiero e assolutamente inaspettato; come mai non aveva reagito? Avrebbe dovuto protestare, magari offendersi. E invece niente, aveva ascoltato, inebetita, anzi indifferente, quasi la cosa non la riguardasse più di tanto: era questo che si pensava all'estero degli italiani? Lei non sapeva niente del carattere della sua gente, o meglio non aveva nessuna opinione. Perché poi? Mai si era chiesta chi fossero o meglio come fossero gli italiani.

Infedeli e sleali, non voleva uscirle di mente. E traditori. A quale tradimento si riferiva la vecchia signora? Anzi, due tradimenti. Strano che lei non ne sapesse niente. A scuola nessun accenno, durante le lezioni di Storia: il libro finiva poco prima della Prima Guerra Mondiale.

Davanti all'Università, di Rahimi neanche l'ombra: ecco un infedele, pensò subito e sorrise, perché lei aveva tardato di un'ora. Si era fermata infatti a comprare una pianta della città con una cartina dei diversi mezzi di trasporto. Aveva intenzione di studiarsela per bene per non dover chiedere informazioni a nessuno.

La segretaria, una donna di una cinquantina d'anni, un viso sfiorito, i capelli grigi annodati dietro la nuca, vestita con estrema modestia, fu gentile, quasi materna. Parlava italiano come la vecchia signora al suo arrivo, con lo stesso accento un po' strascicato, le erre ingolate e la grammatica piuttosto avventurosa. Con estremo tatto le fece subito notare che avrebbe ricevuto il primo stipendio solo alla fine del mese, e subito dopo si informò se aveva soldi sufficienti per mantenersi fino all'inizio di ottobre. Ermelinda arrossendo, – non sapeva di questo regolamento – dovette ammettere di avere solo un po' meno di cento scellini ma che avrebbe scritto alla famiglia. La donna sorrise e si offrì di darle un piccolo prestito fino a quando avesse ricevuto i soldi da casa; la posta non era così puntuale, e sorrise di nuovo: cento scellini erano pochi per mantenersi un'intera settimana.

Ermelinda accettò, vergognosa e grata.

Le lezioni avrebbero avuto inizio solo la settimana seguente, la informò, in un palazzo dietro l'Università, nella Liebiggasse. Infine le diede tutte le informazioni necessarie e la congedò con un'affettuosa stretta di mano. Ermelinda prima di svoltare l'angolo del corridoio si voltò indietro e la scorse, appoggiata allo stipite della porta. Le fece un segno di saluto con la mano, un sorriso triste su un viso spento. La ragazza ricambiò il saluto e le si strinse il cuore, sentì la solitudine di quella donna – chissà che cosa glielo fece pensare – in una casa vuota, forse una vecchia madre malata che l'aspettava. O forse neanche questo.

Scosse la testa accusandosi di sentimentalismo, ma non poteva immaginare una famiglia intorno a lei, un marito, dei figli. Doveva essere sola. Doveva essere così, per forza. Non ebbe dubbi. Non riusciva a scacciare dalla mente il sorriso triste, gli occhi affettuosi, tutta la figura in qualche modo desolante della segretaria. Chissà le esperienze che aveva fatto, come era vissuta fino a quel momento, come era stata a vent'anni. Fece il conto, poteva avere una cinquantina di anni. Negli anni Trenta era stata giovane, forse sposata. Era vissuta nella stessa Vienna fra le due guerre che aveva tanto entusiasmato suo padre. Magari il marito era morto in guerra, ecco perché era sola.

La fantasia cominciava a correre, come nella sua infanzia.

Ancora pensando alla segretaria e alla sua vita da giovane, si ritrovò sul Ring, una strada grandiosa, testimone di glorie passate che la sbalordì per la sontuosità e nello stesso tempo per la sua decadenza.

Grandi palazzi, monumenti, neri, sporchi, grigi. Carichi di polvere. E per strada, poca gente, vestita male. Roba vecchia, si vedeva, scolorita; gli occhi bassi, gli stessi occhi che aveva osservato la mattina sul tram, sempre più decisi a non vedere, ad ignorare il mondo, quel mondo che non potevano accettare. Gente triste, pensò e senza speranza. Dov'è finita la Vienna tanto decantata dal padre?

Entrò nel primo giardino che incontrò. Burggarten. Si sedette su una panchina, per raccogliere i pensieri, le prime impressioni, e anche per riposarsi un poco. Davanti a sé un laghetto, una fontana. Seduta su un'altra panchina una vecchia si scaldava all'ultimo sole.

Che desolazione, nonostante la bellezza della fontana, gli alberi spogli, i viali coperti di foglie ingiallite. Sembrava un paesaggio da quadro fine Ottocento, vagamente crepuscolare – e pensò alla Frau Baronin che affittava camere anche se con le dovute distanze, disprezzando addirittura i suoi inquilini.

Sicuramente anche lei pensava che gli italiani sono infedeli e sleali, ecco perché aveva subito parlato in francese.

Fasti passati, miserie recenti o meglio attuali, questo quanto poteva leggere sulle facce dei passanti.

Il pensiero tornò alla segretaria dell'Università e le sembrò di vederla camminare lungo una delle tante strade polverose di Vienna, figura triste, confusa fra tante figure tristi, mentre rientrava nella sua casa, dove non l'attendeva nessuno.

Una nuova amica

Infilò la chiave nella toppa e la porta si aprì di scatto senza che avesse avuto il tempo di girarla. Frau Baronin la stava aspettando. Ermelinda, interdetta, non osò entrare, restò sulla soglia in attesa, proprio come la mattina, al suo arrivo. La donna si spostò di lato e con un gesto impaziente della mano le fece capire che non aveva tempo da perdere. Appena dentro, richiuse la porta alle sue spalle e la travolse subito con una valanga di parole. Fu un continuo alternarsi di stridii taglienti, di parole mozze, inghiottite dalla rabbia, di frasi in lingua tedesca, quando la lingua francese la lasciava in asso, in un'esplosione di ira incontenibile. Cosa si credeva di essere? Da quale spelonca proveniva e in quale casa pensava di abitare? Chi le aveva insegnato le regole di comportamento fra persone civili? Aveva ridotto la sua stanza in un porcile, lasciando un disordine, un caos indescrivibile: pensava forse di avere una serva pronta ai suoi ordini? Per fortuna la ragazza capì meno della metà degli insulti e delle offese che la Frau Baronin le buttava in faccia, ma le bastò il tono. Prese fiato e in italiano – in quel momento non avrebbe saputo parlare altra lingua – cercando di controllare la propria voce, che suo malgrado tremava, la fermò.

«La prego di scusarmi per il disordine lasciato, ma questa mattina non avevo tempo di sistemare le mie cose. Se poi pensa di non potermi tenere nella sua casa perché le sono antipatica o perché mi considera indegna della sua stanza, non ha che da dirmelo e domani cercherò una nuova sistemazione.»

Erano le prime frasi lunghe e circostanziate che diceva da quando, due giorni prima, era partita dalla Sicilia; col padre aveva scambiato sì e no due parole, chiusa in un mutismo pieno di ansia e di attesa, e anche con la segretaria dell'università si era limitata al minimo necessario. Restò senza fiato, sorpresa dalla propria reazione, ma anche dal proprio coraggio.

Frau Baronin l'ascoltò socchiudendo le palpebre da uccello sonnacchioso, strinse la bocca in una raggiera di rughe, scosse le spalle in quel suo modo caratteristico, altezzoso e arrogante, girò sui tacchi e sparì nel buio del corridoio, senza proferir parola.

Ermelinda ancora palpitante restò un momento in attesa, nella penombra dell'ingresso, in quella casa inospitale e straniera: non sapeva se ci sarebbe stato un seguito, se il pavimento si sarebbe aperto sotto i suoi piedi o un tuono, un fulmine, l'avrebbero colpita. Infine si scosse, quasi per ritrovarsi in quella nuova realtà, aprì la porticina del bagno, l'attraversò ed entrò nella propria stanza. Benché fosse già buio, non accese la luce, non cercò neanche l'interruttore. Dopo qualche minuto si abituò alla semioscurità della stanza. Un chiarore quasi surreale filtrava attraversando le tende delle finestre. Lungo la strada erano già stati accesi i lampioni.

Stanca, anzi avvilita, si sdraiò sul divano, dimentica dell'eleganza e forse del valore di quel pezzo da museo e fissò la finestra, vuota di pensieri e di emozioni.

Che giornata!

Dopo un po' decise di scrivere a casa. Si alzò, accese la luce e vide che la sua roba era stata ammucchiata in un angolo, sul pavimento. Frau Baronin si era degnata di mettere ordine, ecco perché era così irritata. Ermelinda sentì di essere stata violata nella propria intimità: con quale diritto si era permessa di toccare la sua povera roba, di maneggiarla e magari valutarne il valore, il prezzo, la qualità?

Qualcosa si scatenò dentro di lei.

«Questo è troppo, è troppo, è troppo» si mise a urlare e in un attacco di furia che non conosceva in se stessa cominciò a buttare tutto per aria: mutandine, magliette, calze, tutto tutto, finché il pavimento fu ricoperto di indumenti, libri, quaderni, nel caos più completo. Fu un momento di rivolta che si esaurì così in fretta come era iniziato; si sedette per terra e scoppiò in lacrime. Lacrime di rabbia, ma anche di autocommiserazione. Fu sopraffatta da una tristezza, un senso di solitudine, di abbandono assoluto, mai conosciuto prima. Si sentì sola al mondo, forse come il primo essere umano quando scoprì di essere solo. E intorno a lui il deserto.

Da quel groviglio di roba tirò fuori la carta da lettere che aveva portato da casa e nella borsetta cercò la penna stilografica, la sua vecchia penna che aveva ricevuto dai genitori per la sua ammissione al liceo, e della quale era ancora molto fiera. Si sedette sul divano e appoggiò il blocco di carta sul lussuoso tavolo dalla superficie tirata a lucido.

Scrisse la data in cima al foglio e si fermò. Poi cominciò: „Cara nonna, caro papà, cara mamma". Ci pensò un momento e decise che iniziare con la nonna sarebbe stato offensivo per la mamma, anche se lei avrebbe scritto solo alla nonna. Ma indirizzare la lettera solo alla nonna avrebbe creato nuovi conflitti in famiglia, la mamma era già tanto gelosa della propria madre; se a casa si creavano tensioni era sempre a motivo della vecchia rivalità fra madre e figlia. Meglio iniziare in altro modo. Strappò il foglio e ricominciò. „Cara mamma, caro papà, cara nonna." Si fermò di nuovo. Non sapeva come continuare. In realtà non aveva mai scritto una lettera. Sia lei che la sua famiglia non si erano mai mossi da Catania se non per brevi vacanze estive, qualche gita col tram fino a Ognina per fare il bagno, o per andare a Zafferana quando una delle sorelline aveva la tosse convulsiva; più il famoso viaggio a Roma per l'Anno Santo. Non c'era mai stata necessità di scrivere lettere, qualche cartolina sì, ma una vera e propria lettera, con un resoconto dettagliato sugli avvenimenti degli ultimi giorni, mai.

Pensò: se avesse raccontato della Frau Baronin, si sarebbero agitati inutilmente, tanto domani avrebbe risolto il problema. Anche la sua disavventura con la vecchia che considerava gli italiani sleali e infedeli era meglio evitarla, avrebbe dovuto ammettere la propria incapacità di muoversi in una città straniera. Parlare di Rahimi? Peggio. La madre si sarebbe messa in allarme: un uomo, un musulmano per di più. E allora? Cosa rimaneva? Dire di aver ricevuto un prestito dalla segretaria dell'Università li avrebbe messi in apprensione. Alla fine si limitò a descrivere la propria stanza, il bagno, la strada, il parco in cui nel primo pomeriggio aveva trascorso qualche tempo a osservare la gente che passava. Senza aggiungere le sue considerazioni sulla gente malvestita, sulla depressione che aleggiava nell'aria, sul grigiore dei palazzi grandiosi, sulla polvere, l'odore di vecchio che pesava dappertutto: non voleva deludere il padre che conservava ben altro ricordo di quella città.

Scrisse una mezza paginetta e non seppe come proseguire. Allora prese a chiedere notizie di loro e man mano che scriveva tornavano alla memoria le persone che erano state al centro della sua giovane vita. Per la prima volta fu travolta da un'ondata di emozioni sconosciute, strazianti, qualcosa che doveva avere a che fare con la nostalgia. Si fermò per ricomporsi, ritrovarsi. In quei due giorni era proprio uscita dal suo universo abituale, catapultata in un altro pianeta, addirittura in una altro sistema solare, tanto si era allontanata dal mondo che fino a quel momento era stato il centro dei suoi interessi. Adesso ebbe l'impressione di essere fra cielo e terra, o meglio di galleggiare in una specie di Terra di nessuno.

Avrebbe voluto scrivere che desiderava soltanto tornare a casa, ora, subito, col primo treno, domani mattina; che tutto quel viaggio era assurdo, inutile e basta.

Decise di non finire la lettera.

Si guardò intorno. In realtà non aveva mai messo ordine nella sua stanza; lei era l'unica in casa ad avere una stanza tutta per sé e la nonna non le aveva mai permesso di muovere un dito. Strano, le sue sorelle invece dovevano aiutare, per imparare a diventare delle brave padrone di casa, diceva la nonna, mentre a lei non veniva mai chiesto niente. Perché? Non avrebbe saputo dirlo: forse la nonna pensava che lei mai sarebbe diventata una donna di casa. Si accoccolò sul pavimento e cominciò a raccogliere la propria roba, a piegare, ammonticchiare, dividere. Poi quasi contro voglia decise di aprire l'armadio. Vide che da una parte aveva degli scomparti e dall'altro alcune stampelle per appendere i vestiti. Lentamente mise ordine, sistemò tutte le sue cose e quando ebbe finito si ritrovò contenta, anzi rasserenata. Ebbe anzi l'impressione di aver compiuto qualcosa di molto importante.

Andò a letto, un letto da fiaba, tutto ricami e merletti, piumone morbidissimo, cuscino enorme, quadrato, di piume, tutto bianco, anzi candido, leggermente inamidato: si sentì come la principessa sul pisello, ma senza pisello. Si addormentò subito con la sensazione di sprofondare in un abbraccio morbido, profumato di lavanda, un profumo che le ricordava la nonna.

Si svegliò varie volte o forse credette solo di svegliarsi, rimanendo qualche secondo in ascolto in attesa dei rumori a lei tanto familiari: un porta che si chiudeva, il russare del padre, il ciabattare della nonna di ritorno dal bagno, senza riuscire a raccapezzarsi sul luogo, il tempo. Qui al contrario regnava il silenzio più assoluto e lei era solo un orecchio teso, quasi distaccato dal corpo, pronto a cogliere ogni minimo rumore, fosse stato soltanto lo scricchiolio del legno del parquet, dei passi furtivi di qualcuno che camminava nella stanza accanto, o il soffio del vento fra gli interstizi delle imposte.

I suoi sogni, confusi, in qualche modo sconvolgenti – le sembrava di precipitare non capiva bene dove, spinta con urgenza verso luoghi indeterminati – l'angosciavano al punto da desiderare di svegliarsi, di uscire dal sogno. Solo una volta le riuscì effettivamente di aprire gli occhi e li sbarrò su quella luce spettrale che veniva da una parte, dalla parte dove erano le grandi finestre, ma li richiuse subito, credendo facesse parte del sogno. La mattina si svegliò frastornata, non riposata, la testa confusa; si sentì sperduta in qualche parte del mondo e impiegò alcuni minuti prima di ricordare il viaggio, il luogo, il letto straniero cosi diverso dalla sua brandina rigida, dalla coperta di cotone bianco, il guanciale duro. Qui sprofondava in un mare di piume, di sopra e di sotto. Tutta quella morbidezza la smarriva. Aveva un che di peccaminoso, di lascivo. Un mondo senza argini in cui era facile perdersi.

Girò gli occhi intorno alla stanza, il giorno precedente non aveva notato i quadri alle pareti, le due poltroncine e un tavolinetto rotondo nell'angolo fra le finestra e la grande porta dalla quale era sparita la Frau Baronin. Un arredo di lusso, dovette ammetterlo. Sul pavimento nessun tappeto. Meglio così. Risaltava di più la bellezza del parquet. Cominciò ad osservare i quadri, due ritratti, un uomo e una donna che fiancheggiavano la grande porta di fronte al letto. Non riuscì a distinguerne le fisionomie. Avrebbe dovuto alzarsi, andare vicino, ma non aveva voglia di alzarsi. Si crogiolò ancora qualche tempo con la vaga sensazione di fare qualcosa di proibito, per via di tutte quelle morbidezze cui non era abituata. E poi il silenzio di questa casa, inconsueto, privo di vita, in qualche modo inquietante, così diverso dai tanti rumori al suo risveglio, ogni mattina: il ticchettio impaziente della scarpe col tacco della mamma, le corse a piedi nudi del fratellino lungo tutto il corridoio, i passi pesanti del padre, – avrebbe riconosciuto lo scricchiolio delle sue scarpe su mille – i passetti leggeri delle sorelle. Si era sempre divertita a cercare di indovinare dal rumore dei passi la persona che in quel momento passava davanti alla porta della sua stanza. Infine il fiato della nonna che si fermava un momento davanti alla porta prima di abbassare silenziosamente la maniglia per svegliarla.

La nonna. Già di prima mattina era vestita di tutto punto; i capelli perfettamente ravviati, la piccola crocchia grigio-azzurra dietro la nuca; la cipria o meglio il borotalco sulle guance morbide, coperte da una peluria leggera. Non mancava neanche il sottile profumo di lavanda che avvolgeva tutta la persona. La nonna era una donnina molto distinta, dai modi riservati e discreti. Piccola, minuta come lei – stranamente la madre le superava tutte e due di almeno venti centimetri ed era anche alquanto robusta – riusciva a mettere le persone a loro agio, forse per la serenità, ma anche per l'ingenuità degli occhi chiari e trasparenti. Lei non aveva niente da nascondere, neanche un pensiero. Nonostante la vita non facile, solitaria, che aveva condotto – vedova in giovane età con una figlia da tirar su, da far studiare», aveva conservato una purezza d'animo, una visione del mondo tutta particolare, dove i buoni e i cattivi non erano separati da una linea netta, decisa. In ogni essere umano c'è, in ugual misura, una fonte di bene e una di male, ripeteva sempre: tutto il segreto sta nel non provocare il male, anzi nell'evitarne il contatto. Lei non era il tipo da lasciarsi andare, come la figlia, in scenate, in esplosioni che facevano tremare i muri della casa. Piuttosto taceva e ignorava le offese, le accuse.

Ermelinda ammirava la nonna e avrebbe voluto essere come lei. A forza di imitarla era riuscita a copiarne i gesti, le espressioni del viso, perfino il passo svelto, il tono della voce. Tutti dicevano che assomigliava alla nonna, con chiaro disappunto della mamma che si sentiva defraudata anche di questo. Ermelinda non volle pensare alle tante scenate di gelosia, secondo lei ingiustificate, in cui affioravano vecchi risentimenti, rivalità mai riconosciute per tali fra la figlia e la madre.

La nonna aveva cresciuto i quattro nipoti e su questo non si poteva discutere, acquisendo anche certi diritti che la figlia faceva fatica a riconoscerle.

Il ricordo della nonna le fece dimenticare il letto, i sogni che l'avevano oppressa, la grande solitudine e il silenzio interrotto solo dal gracchiare di una cornacchia, cra cra, da qualche parte: che uccello sarà mai questo? si chiese. Si alzò e corse alla finestra. Un grosso uccello nero zampettava sul prato di fronte in cerca di vermi e di semi. Dopo qualche secondo ne planò un secondo, anche lui nero, piume lucide e passo battagliero; avevano uno strano modo di procedere, barcollando proprio come due ubriachi e lanciando a intervalli quel grido di guerra: „sarà un uccello del malaugurio?" Ermelinda rabbrividì, non era chiaro se di freddo o per una sorta di ribrezzo che non avrebbe saputo spiegare altrimenti. Pensò subito alla nonna. „Lei mi direbbe subito che è un uccello del malaugurio, e che forse mi porterà sfortuna... ma lei conosce tutti gli scongiuri. Contro uno scongiuro non c'è magia che regga, ha detto una volta."

Prima di allora non aveva mai visto uccelli così grandi e neri. Quel grido poi aveva qualcosa di lugubre, quasi un annuncio di morte. Come in una visione immaginò una landa coperta di neve, pochi alberi spogli e una slitta che correva a rotta di collo, in lontananza. Sulla slitta due persone impellicciate, con tanto di colbacco in testa e intorno tanti uccelli neri... una scena che ricorreva spesso nei romanzi russi letti, o meglio divorati in altri tempi.

Si staccò dalla finestra e decise di tornare all'Asta. Forse quel giovanotto del giorno prima avrebbe trovato un'altra stanza con una padrona di casa più umana. E senza uccelli del malaugurio.

Davanti a quella porta, già aperta, il solito gruppetto di studenti. Sembrava un punto d'incontro. Finalmente venne il suo turno. Entrò e il giovanotto la riconobbe subito. Senza neanche darle il tempo di aprir bocca uscì e chiese a voce alta, piuttosto annoiato, se c'era qualcuno che potesse fare da interprete a una ragazza italiana. Si fece avanti una studentessa dall'aspetto raffinato, elegante, con una brutta cicatrice sul labbro superiore. Disse di essere svizzera e di padroneggiare limitatamente la lingua italiana, ma che avrebbe fatto del suo meglio.

Ermelinda raccontò la sua esperienza con la Frau Baronin e la ragazza non fece che ridere. Una storia assai divertente. Il suo commento finale fu: „tipicamente viennese!" Il giovanotto non si meravigliò affatto, disse che se lei voleva una stanza con bagno avrebbe dovuto sopportare qualche disagio con una padrona di casa di un certo tipo; senza contare che le padrone di casa sono tutte uguali, aggiunse subito sospirando. Con tutto ciò fece qualche telefonata e alquanto snervato disse di non trovare niente, che tornasse la settimana prossima, forse arrivava qualche nuova offerta. Anche la ragazza svizzera ebbe un paio di indirizzi: lei cercava un appartamentino da sola, nelle vicinanze del Belvedere.

Andarono via insieme e la ragazza dopo qualche passo si presentò, Lise Gavin. Aggiunse subito di essere di Losanna e di studiare o per lo meno di avere l'intenzione di studiare all'Accademia di musica, se avesse superato l'esame di ammissione. A pochi passi aveva parcheggiato la sua macchina, una piccola Moritz rossa: se non aveva altro da fare poteva andare con lei.

Ermelinda fu assai contenta di accompagnarla. Lise parlava un delizioso italiano con un forte accento francese, lo stesso accento che manteneva anche nella lingua tedesca, e il suo italiano non era poi così approssimativo, come aveva dichiarato al giovanotto dell'Asta. Decisero di parlare una in francese, cioè Ermelinda, e l'altra in italiano, correggendosi a vicenda. Non fecero che ridere di loro stesse, degli errori di grammatica, delle parole inventate lì per lì; ma anche solo per il piacere di ridere, di essersi trovate per caso, provenienti da due pianeti diversi. Due solitudini che avevano un'origine diversa, ambedue alla ricerca della propria immagine negli occhi dell'altra in un vano desiderio di riconoscersi; unendosi speravano di far fronte comune contro una solitudine più grande, in un paese straniero. Una mattinata in cui si osservarono, curiose, tastando nel buio, cercando punti di incontro, interessi comuni.

Il primo indirizzo: Salesianergasse, angolo Rennweg, la chiave potevano prenderla in un negozietto di antiquariato proprio sul Rennweg.

Lo studente dell'Asta aveva detto che c'era una doccia, acqua corrente e toilette in casa, cucina e una stanza da letto. Entrarono in un androne piuttosto malmesso. Un penetrante odore di muffa. La casa era a pian terreno, la prima porta a sinistra, aveva detto l'antiquario, dando un grosso mazzo di chiavi. Lise non fece che ridere mentre provava una dopo l'altra le chiavi di ferro, enormi, pesanti, nella serratura della porta. L'ingresso, buio, senza finestre, era anche la cucina. In un angolo una doccia di plastica e, accanto, un cesso in libertà, cioè senza neanche una tenda che lo nascondesse. Il pavimento era di cemento, grigio, un po' sbriciolato e polveroso. Una porta immetteva in una stanza con ben sette angoli, – si divertirono a contarli – e una finestra che dava sul Rennweg. Dopo pochi minuti furono scosse da uno strano movimento ondulatorio. I vetri della finestra cominciarono a tremare. Il lampadario prese a oscillare scricchiolando paurosamente, mentre il pavimento sembrava volesse fuggire da sotto i piedi. Si guardarono un momento sbalordite: un terremoto? In quel momento passò un tram con rimorchio, un vecchissimo tram di prima della guerra che frenava stridendo sulle rotaie: il Rennweg è una strada in pendenza.

Proprio davanti alla finestra c'era la fermata. Questa era l'origine del terremoto. Dopo neanche un minuto un campanellino annunciò la partenza. Il tram si rimise in movimento e ancora una volta la casa prese a vibrare. Le ragazze scoppiarono in una fragorosa risata e scapparono via, ancora ridendo. Riportarono le chiavi all'antiquario e Lise si scusò di non poter prendere l'appartamento perché troppo rumoroso.

Uscite dal negozio, ripresero a ridere.

Il secondo indirizzo era sulla Favoritenstrasse. Risalirono in macchina e cercarono la strada sulla piantina di Ermelinda; mentre erano concentrate sulla via più breve da fare, una signora elegantemente vestita si avvicinò e chiese se le poteva aiutare. Le viennesi sono molto gentili, pensò Ermelinda, ma subito si ricordò della Frau Baronin e cambiò idea.

Lise si mise subito a conversare con la signora, spiegandole anche che cosa cercavano:

«Ma se cercate un appartamento tranquillo ed elegante, io posso offrirvi qualcosa di meglio, più vicino della Favoritenstrasse. Se volete vi posso accompagnare, ho per caso le chiavi con me.»

Senza farsi pregare, Lise, già curiosa, la invitò a salire in macchina e seguendo le indicazioni della signora, dopo pochi minuti si ritrovarono nella Taubstummengasse. Altre risate di Lise, che spiegò ad Ermelinda che la strada si chiamava via dei Sordomuti. Un nome ideale per una musicista.

Qui trovarono un portone signorile, quasi come quello della Böcklinstrasse, un ingresso elegante con ascensore di legno e vetri smerigliati infilato in una specie di gabbia metallica, di epoca antidiluviana, che le due ragazze guardarono sbalordite mentre si alzava barcollando. La signora infatti era salita da sola, voleva aprire la porta prima del loro arrivo, disse, per via dei vicini... il resto si perse fra lo stridio delle carrucole che portavano l'ascensore in alto. Le ragazze dopo essersi scambiata un'occhiata assai significativa, imboccarono le scale. La signora le aspettava sul secondo pianerottolo: nonostante tutto era arrivata prima di loro.

Un lungo corridoio, un bel salotto, una camera da letto e un bagno come quella della Frau Baronin, ma non così pulito: la signora si scusò che in quella casa veniva solo di rado. Lei abitava altrove. Videro anche la cucina con finestra su un cortile.

Lise, felice di aver risolto il problema, prese subito l'appartamento, pagò una cauzione senza ricevere una ricevuta, ma con le chiavi in mano ridiscese le scale di volata insieme ad Ermelinda. Subito andarono in albergo a ritirare le sue valigie, chiacchierando e ridendo quasi senza interruzione di mille cose.

Una giornata entusiasmante, soprattutto per Ermelinda.

I racconti di Lise

Lise fu ammessa all'Accademia di musica. Ermelinda l'accompagnò alla Lothringerstrasse, salì insieme a lei l'ampio scalone, emozionata forse più della nuova amica. Per lei si trattava di scoprire un nuovo mondo: il mondo della musica.

A casa sua non si ascoltava mai musica classica, la trovavano noiosa; alla radio si preferivano programmi di canzonette in voga, le sorelle conoscevano i nomi di tutti i cantanti del momento, canticchiavano anche qualche ritornello orecchiabile ed era tutto. Lise invece era una cantante lirica. Le spiegò che c'era la cosiddetta musica da camera con Lieder, melodie per voce sola e accompagnamento di pianoforte, e la musica lirica, cioè opere, dove i cantanti dovevano anche recitare su un palcoscenico e venivano accompagnati da un'intera orchestra. Una cosa affascinante, bisognava che venisse una volta con lei alla Staatsoper, il più importante teatro lirico del mondo, ma anche nelle varie sale da concerto, Vienna ne era piena. Le sarebbe piaciuto, ne era certa.

Lise era elettrizzata. Le piaceva poter missionare qualcuno, introdurlo nel mondo dei suoni che era anche il suo mondo, farlo partecipe dei suoi stessi entusiasmi, e per fortuna Ermelinda sembrava aperta a tutte le novità, curiosa a ogni forma d'arte, con una sete di apprendere del tutto fuori dal comune.

Nella famiglia di Ermelinda la cultura e l'arte venivano considerate con eccessivo rispetto, se non con sospetto; la nonna predicava sempre che meno si sa e meglio è, e non si capiva bene a che cosa si riferisse. Una volta la settimana, la domenica, Ermelinda insieme alle sorelle, accompagnate dai genitori, andava al cinema e i film venivano scelti sempre con estrema cura dal padre, per il quale già *Via col vento* era troppo osé.

Una volta, occasione veramente memorabile, tutta la famiglia (il fratellino sarebbe nato solo due anni dopo) andò in gita a Siracusa per assistere a uno spettacolo al Teatro Greco, 'Prometeo incatenato' di Eschilo con Vittorio Gassman e Anna Proclemer. L'impressione fu di grande meraviglia. L'arena, la gente, l'atmosfera di gran festa che si respirava nell'aria e soprattutto l'attore giovane e bello come un dio dell'antichità che conoscevano dai rotocalchi. Tutto fu entusiasmante. Del testo capirono poco o nulla essendo seduti molto lontani dalla scena o forse perché troppo emozionati da quanto accadeva intorno a loro. Il dramma di per sé lasciò solo un pallidissimo ricordo. Eppure in quell'estate del 1954 Ermelinda, già pronta per il Liceo, era molto interessata alla cultura greca. Anzi pensava di proseguire gli studi in lettere antiche. Fu forse questo il motivo che spinse il padre a portare la ragazza a Siracusa, per lui la cultura non aveva niente di negativo, anzi tutto il contrario. Ma le donne in famiglia gli lasciavano poco spazio, tanto che solo parzialmente poteva influire sull'educazione delle figliole.

Di quel giorno restò nella memoria di tutta la famiglia la gita in barca, la fontana di Aretusa col mito della ninfa che voleva sfuggire all'amore di Alfeo, dal padre raccontato il più castamente possibile (lui si era preparato a quel viaggio leggendo sia la tragedia di Eschilo che la storia di Siracusa) e gli ottimi arancini che la notte precedente la mamma e la nonna avevano preparato. Infatti l'idea di andare a mangiare in trattoria non era venuta a nessuno. In sei, sarebbe costato un occhio della testa, aveva borbottato il padre, con un vago senso di colpa. Così le due donne avevano preparato un pranzo completo con arancini di riso ripieni di carne al ragù e sarde a beccafico. Avevano mangiato in barca, perché la nonna si vergognava di mangiare seduta su una panchina, con tutta la gente che passava. Neanche i poveretti mangiano per strada, aveva sentenziato, mangiare è cosa privata, richiede un certo raccoglimento, non si può fare in pubblico. La figlia, in via del tutto eccezionale, le aveva subito dato ragione e così il padre si era visto costretto a prendere una barca, marinaio compreso, dato che non avrebbe saputo come manovrarla.

Dopo quella esperienza, il padre aveva decretato che le ragazze erano immature per il teatro, non avevano una preparazione sufficiente e summa summarum non avevano capito un bel nulla! Soldi buttati al vento e basta.

Lise era vissuta in un ambiente diametralmente opposto a quello di Ermelinda; apparteneva infatti alla classe sociale di chi è abituato a comandare da sempre, da generazioni, per diritto acquisito. Cresciuta in una democrazia in cui si conosce solo l'aristocrazia del denaro e non del nome, del casato nobiliare, aveva un senso della libertà del tutto sconosciuto a Ermelinda e a molte altre ragazze della sua generazione. Il padre, morto quando lei aveva appena sette anni, aveva lasciato un patrimonio considerevole che si era aggiunto a quello della madre; Lise, insieme al fratello di qualche anno più anziano di lei, medico, ora in Africa, non conosceva privazioni o difficoltà di carattere finanziario. La mancanza del padre aveva inoltre rafforzato il suo senso di indipendenza, togliendo alla figura maschile il prestigio e l'autorità che invece godeva in famiglie di tipo patriarcale. Lei non era stata condizionata, sia per educazione che per temperamento, da una presenza maschile, non riconosceva nessuna autorità al di sopra di sé e questo fin da bambina.

Non era chiaro se questo fosse frutto della posizione sociale di cui godeva o dell'educazione assai spartana della madre, anch'essa cresciuta senza padre e senza madre, l'uno morto quando lei aveva appena due anni, l'altra, vedova appena ventenne, risposatasi con un ricchissimo brasiliano, si era imbarcata subito con lui per quel lontano paese. Lei bambina di pochi anni era stata affidata alle cognate e come unico ricordo di sé aveva lasciato una collana di perle di gran valore, ben chiusa in una cassetta di sicurezza di una banca, che la figlia avrebbe ricevuto al momento della sua maggiore età.

La madre di Lise diceva di non aver mai conosciuto l'amore materno – fin dalla nascita, sua madre si era del tutto disinteressata di lei – e raccontava questo come cosa naturale, senza una punta di critica o di disapprovazione. In realtà a lei non era mai mancato l'affetto delle tre zie, sorelle del padre, rimaste nubili e vissute per il resto dei loro lunghi giorni insieme a lei; ognuna di loro arrivò alla soglia dei cento anni, toccando dei veri record anche in un paese come la Svizzera.

Ad ogni modo Madame Gavin dichiarava di essere assolutamente incapace di manifestare qualsiasi sentimento materno, ammesso che ne conoscesse qualcuno. Anzi era convinta che l'amore fosse un'arma a doppio taglio: chi ama vuole anche possedere l'oggetto del suo amore, diventandone schiavo a sua volta, fino a perdere non soltanto la libertà, ma anche se stesso.

In generale non aveva fiducia in tutto ciò che veniva definito con la parola istinto, a cominciare dall'istinto materno. Una donna che mette al mondo un figlio non per questo è portata ad amarlo, a curarsi di lui. Descriveva il parto come una specie di macello e il neonato come un piccolo nemico che attenta alla vita della madre per salvare la propria. Arrivava al punto di giustificare la propria madre che non aveva voluto avere a che fare con lei bambina, mentre le zie l'avevano accettata, non certo per istinto materno ma per carità cristiana. Il commento finale era sempre lo stesso: per loro era stato facile accettare la bambina, perché non avevano dovuto subire una gravidanza di nove mesi e un parto fra la vita e la morte.

La signora Gavin perciò era stata allevata in una casa di sole donne, con tutte le libertà che anche per la Svizzera degli anni Venti erano un'eccezione. Le zie erano assai permissive ma anche giuste perché non proiettavano in lei quei sentimenti tipici delle madri che in qualche modo rivaleggiano sempre con le figlie. Un'ammissione che voleva giustificare il suo difficile rapporto con Lise che, da parte sua, parlava della madre sempre con un certo distacco.

Da ragazza, ma già in età adolescenziale, Madame Gavin aveva avuto una quantità di corteggiatori che lei non prendeva sul serio, anzi trattandoli da pari a pari, perché odiava il ruolo della donna 'femminuccia' che fa la civetta con i giovanotti. Se avesse potuto scegliere, avrebbe voluto essere un ragazzo, e infatti da bambina voleva portare solo pantaloni, non aveva amiche ma amici e cioè una piccola banda di ragazzini dei quali lei era il capo indiscusso, pronta a ogni rissa anche con bande rivali. Ancora da adulta ricordava non senza un certo compiacimento le zuffe a colpi di bastone nelle quali sembrava non avere concorrenti.

Nonostante questi precedenti, anche lei aveva conosciuto il vero amore, non perdeva occasione di ripetere con fermezza. E quell'unico era stato l'uomo che aveva subito sposato, qualche settimana dopo il primo incontro. Era morto assai giovane, lasciando lei vedova poco più che trentenne. Non volle più sposarsi, ma i figli sapevano che da anni manteneva una relazione con uno dei dirigenti di una delle sue imprese. Una relazione che non nascondeva, ma neanche sventolava ai quattro venti. In realtà non si trattava di amore, diceva, ma soltanto di amicizia; con lui intraprendeva solo lunghi viaggi di affari, necessari allo sviluppo delle sue aziende.

Quest'uomo, del resto sposato e con figli, aveva sempre avuto il buon gusto di astenersi da ogni possibile contatto con la sua famiglia; l'unico segno tangibile della sua presenza era un enorme fascio di rose rosse, gigantesche, avvolte nel cellofan, che giungevano puntuali a ogni compleanno, quasi una promessa o un ricordo che si esaurì solo con la sua morte.

Madame Gavin non aveva mai voluto sposarsi per non dare un patrigno ai figli, diceva: si aspettava forse gratitudine per questo sacrificio? I figli dubitavano assai che si trattasse di un vero sacrificio; in realtà aveva voluto mantenere la propria indipendenza, incurante dei commenti delle zie, anche loro vissute senza un uomo in casa, eccettuato il giardiniere, che veniva quando si aveva bisogno di lui. Donne emancipate al massimo grado, che sapevano badare a se stesse in ogni situazione della vita, caso del resto piuttosto eccezionale per quei tempi e soprattutto per la Svizzera, legata a severe tradizioni patriarcali e con una mentalità tutt'altro che progressista.

Il fratello, con la scusa dei suoi studi, era scappato via abbastanza presto.

Ma ospitavano una quantità di animali: un cane nero, Gitano, un bastardello fra il Barbone e il Grifone o Spinone, che dell'uno aveva ereditato l'intelligenza e dell'altro la furbizia, entrato nella loro famiglia come un cucciolo indifeso e giocherellone e che col tempo aveva manifestato un carattere assai dominante per non dire pericoloso: non permetteva infatti a nessuno di entrare in casa! Il postino era stato aggredito varie volte, fino a che si era rifiutato di consegnare la posta; per ordine della polizia, era stato necessario costruire un'apposita cassetta all'ingresso del giardino. Senza contare le varie multe pagate appunto per aver morso qualche passante durante le sue passeggiate quotidiane, cioè tutte le volte che riusciva a liberarsi dal guinzaglio.

A lui si univano tre gatti, con i quali, chissà come, riusciva a mantenere rapporti di buon vicinato. C'era solo il problema che uno dei gatti, Assan, un certosino dal passato assai traumatico e quindi dal carattere difficile, aveva dichiarato guerra alle due gatte persiane, Claudine e Misci, madre e figlia, venute in casa prima di lui. Gitano stava alla larga sia dall'uno che dalle altre, ma la situazione era sempre assai precaria, per tutta la famiglia. Come non bastasse, c'era anche un coniglietto nano con gli occhi rosa, Muki e un porcellino d'India, cui non era ancora stato dato un nome, ambedue molto avversati dal cane. Si viveva in un continuo stato di allarme per proteggere ora l'uno ora l'altro; per separare quando scoppiavano baruffe fra di loro... un modo per rendere movimentate le giornate delle tante donne in quella casa.

Questo raccontava Lise della propria famiglia, soffermandosi a lungo sugli animali che a Vienna le mancavano tanto; non passava giorno senza che ne ricordasse uno e per Ermelinda non fu difficile capire che erano proprio queste creature l'oggetto del suo amore, della sua nostalgia, la sua vera famiglia, dalla quale si sentiva pienamente accettata e sulla quale poteva riversare quella emozionalità che si vietava con gli esseri umani.

Lise, raccontando della madre, non mancava mai di sottolinearne il carattere indipendente, estremamente volitivo e autoritario, e se da una parte traspariva una forte ammirazione, dall'altra, vista anche l'affinità dei due caratteri, era facile indovinarne gli inevitabili conflitti.

Una volta accennò anche alla cicatrice sul labbro superiore, un terribile incidente d'auto, di qualche anno prima. La madre guidava sempre con eccessivo temperamento, disse sorridendo, e una mosca che aveva avuto la sfortunata idea di danzare davanti al suo naso, l'aveva portata fuori strada, facendola sbattere contro il muro di una casa che imprudentemente si era parato davanti a loro. Erano finite all'ospedale. Già da tempo avrebbe dovuto sottoporsi a un'operazione di chirurgia plastica, ma non aveva mai trovato il coraggio di farlo, anche perché nessuno assicurava l'elasticità del labbro dopo l'operazione, e lei aveva bisogno anche delle labbra per cantare, concludeva sorridendo.

Lise, alta, sottile, i capelli biondi rossicci, tagliati corti, molto curata in tutta la persona, era una ragazza particolare; allegra e ironica allo stesso tempo, sorridente a ogni piccola disavventura, discreta e piena di attenzioni; una sensibilità schiva che rifuggiva da ogni eccesso, da ogni esplosione emotiva. Affinata, o meglio plasmata da un'educazione non solo dei modi ma anche e soprattutto dei sentimenti, sembrava avere tutto sotto controllo, stando in qualche modo al di sopra di ogni situazione.

Ermelinda non si stancava di ascoltarla, quasi si trattasse di un romanzo a puntate. La famiglia di Lise era per lei motivo di stupore, ma anche di ammirazione, tanto che si sorprendeva a sognare di essa, desiderando di conoscere la madre, la prozia, il cane e i gatti; e anche la casa, che Lise non descriveva mai: come si viveva in una casa abitata da tanti animali? Lei conosceva, per averli visti per strada, solo cani e gatti. Ma gli altri? Cos'era un porcellino d'India e un coniglietto nano con gli occhi rosa? Non osò chiederlo a Lise per non mostrare una volta di più la propria ignoranza e in qualche modo la propria arretratezza. Concluse che avere in casa una specie di piccolo zoo, inutile in senso economico, era segno di una civiltà più evoluta, ma soprattutto di una visione diversa del mondo animale. E questo era chiaro dal tono di voce, dalla tenerezza che ne traspariva, dal rapporto che univa Lise alle sue bestiole.

Ma era soprattutto affascinata dalla sensibilità, la sicurezza e il senso dell'umorismo della nuova amica; e ancora per il modo di smussare spigoli, di chiarire eventuali malintesi, di ridare la giusta dimensione alle cose. Non aveva mai ammirato una persona, eccettuato la nonna – ma era un'altra cosa – come ora ammirava Lise. Non senza un pizzico di vergogna prendeva coscienza del proprio provincialismo e man mano era costretta a riconoscere i limiti delle proprie conoscenze culturali oltre che del vivere civile, dovuti al mondo arcaico, incolto e, come aveva detto il padre, retrogrado dal quale proveniva. Lise le apriva gli occhi ad altre realtà, le mostrava un'altra civiltà, un'altra cultura, senza saccenteria né arroganza. L'accettava così come era, pur meravigliandosi di certe sue reazioni, per lei esotiche e incomprensibili, senza però giudicarla.

L'una osservava l'altra con curiosità, ma anche con interesse e col tempo, con un affetto che non necessitava di alcuna esteriorità. In ogni caso si trattava del primo vero rapporto fra due persone che da poco tempo avevano lasciato l'infanzia e l'adolescenza dietro di sé; una sorta di iniziazione alla vita adulta attraverso l'altra; ma anche l'incontro di due mondi assai complessi nelle loro diversità.

Rahimi

Lo stesso giorno in cui si erano conosciute, stabilirono di incontrarsi almeno una volta alla settimana alla Böcklinstrasse per leggere testi in italiano e in francese, ma anche semplicemente per chiacchierare su i più disparati argomenti. Lise, impaziente di conoscere la Frau Baronin, ma anche di vedere il salone museale con le tre finestre e possibilmente le due cornacchie, l'accompagnò fino a casa, ma quel pomeriggio la padrona non si mostrò. La ragazza però non si lasciò scoraggiare, assolutamente decisa a vedere con i propri occhi un pezzo di vecchia Vienna, quella che conosceva solo dai romanzi di Canetti, Roth o Werfel.

Trascorrevano interi pomeriggi a discutere di letteratura con l'entusiasmo tipico dell'età delle scoperte. Ermelinda si accorse di conoscere soltanto un paio di autori siciliani, altri del continente e soprattutto molti francesi e russi. Di scrittori di lingua tedesca e particolarmente austriaca non aveva letto che qualche estratto durante le lezioni di tedesco, mentre degli svizzeri conosceva solo Dürrenmatt per averne tradotto un brano.

«Ecco un'occasione per imparare finalmente il tedesco», esclamò Lise, subito nel suo elemento. Ma Ermelinda si rifiutò categoricamente di leggere nella lingua originale, convinta di non arrivare fino alla fine. Lise non capiva quella reazione e in quel suo italiano francesizzato, dalle erre arrotondate con raffinata eleganza, cercò di spiegarle la necessità di leggere in originale:

«Solo così è possibile arrivare alla vera espressività dell'autore, conoscerlo profondamente, capire chi è e cosa vuol dire, che poi è la cosa più interessante, più importante del romanzo stesso.» Anche questo, motivo di lunghe discussioni. Per Ermelinda l'autore di un romanzo o di un quadro era una figura del tutto marginale.

«Quando leggo un romanzo o guardo un quadro non penso certo all'autore, non mi interessa sapere che tipo fosse, che vita abbia fatto e perché si sia messo a scrivere o a dipingere. È il prodotto finito che mi interessa, non chi lo ha fatto.»

«Sei ingiusta. Senza l'autore non ci sarebbe neanche l'opera: ci hai mai pensato? E l'autore rispecchia una data epoca, un dato ambiente. È un filtro necessario fra la realtà, quella che vediamo noi, della quale appena prendiamo nota, e l'altra realtà, quella vera, ricostruita attraverso il suo gusto, la sua sensibilità e la sua cultura. L'artista è il veicolo più importante di un'epoca, più importante degli stessi storici; pensa, senza Omero non sapremmo niente di Troia e di tutti i personaggi dell'antichità che fanno parte della Storia umana. Per venire ai nostri giorni, se Canetti non fosse cresciuto a Vienna in quel particolare periodo storico, se non avesse avuto quella madre – non so se hai letto qualcosa di lui – non avrebbe mai potuto scrivere le opere che ha scritto, indubbiamente una delle più importanti testimonianze del XX secolo. Certo, la traduzione è necessaria perché un'opera venga conosciuta in tutto il mondo, ma spesso è riveduta e corretta da un traduttore che fa quel lavoro solo per guadagnare quattro soldi, il più delle volte lui stesso un autore mancato, cioè uno che pur sapendo scrivere non riesce ad avere una creatività propria. Sono rarissimi i traduttori che si danno la pena di scrivere in modo decente. Mi è anche capitato di leggere un romanzo tradotto e ho avuto l'impressione che fosse una specie di riassunto o meglio una storia raccontata per sommi capi e in modo banale, anche.»

«Ma non è possibile! Non credi di esagerare? Un traduttore non può cambiare l'originale al punto da riscrivere un nuovo romanzo o farne un riassunto.»

«A pensarci bene il traduttore dovrebbe essere il portavoce, l'interprete dell'autore. Nella musica è necessaria una interposta persona, l'interprete, non nella letteratura e neanche nella pittura. Una volta ho ascoltato una *Traviata* cantata in tedesco... non ti dico, o un *Tristano* in italiano e peggio in francese... tu non hai idea del risultato, mi sembrava di sentire un'altra opera, benché la musica fosse sempre la stessa. Se canti Wagner in italiano lo falsifichi, si perde uno degli elementi fondamentali dell'opera: la lingua, il testo. Non so se mi puoi capire. La musica di un'opera nasce insieme al testo, cioè prima c'è il libretto e poi il compositore comincia a scrivere la musica, che in realtà è il suo linguaggio, il suo modo di trasferire i suoi pensieri in suoni.

Ma vedo che tu non mi capisci.

Metti uno scrittore che architetta un romanzo. La prima cosa cui pensa è la storia bella e buona, i personaggi, i possibili intrighi, mentre la vera nascita del romanzo è il momento in cui comincia a scrivere le prime frasi, a strutturare, a mettere insieme le parole. Vedi, la lingua è spesso più importante della trama stessa...che in fondo si può ridurre in una paginetta, mentre la maggiore cura deve essere riservata a tutto il resto, appunto alla lingua, alla forma ma soprattutto ai tanti pensieri che devono essere giustamente formulati per essere capiti. Un traduttore che non ha la stessa sensibilità linguistica dell'autore – e se ce l'ha, si tratta sempre della 'sua' sensibilità, e non di quella dell'autore – non potrà avere nessuna parentela col pensiero originale dell'autore, e quindi... produce solo una copia!»

Le argomentazioni sulla letteratura – Lise sembrava esser bene informata essendosi laureata proprio qualche mese prima in germanistica – e su questioni musicali, non avevano presa sulla ragazza siciliana, non disposta a cedere di un millimetro dalle proprie convinzioni giuste o sbagliate che fossero. Senza dire che Lise faceva nomi di compositori che lei conosceva solo di nome e anche questo in modo assai vago, e di scrittori che non aveva mai sentito nominare, dei quali non aveva mai sospettato l'esistenza: chi era Canetti? Non era un nome italiano? Perché parlava di traduzione? Non fece domande per non mostrare a chiare lettere la propria ignoranza, ma decise di colmare il più presto possibile quelle penose lacune.

Le loro discussioni erano sempre appassionate e andavano avanti per ore, anche perché Ermelinda, non conciliante, metteva in luce una caratteristica tipicamente siciliana: difendere le proprie posizioni, a torto o a ragione, costi quel che costi. Inoltre il dover riconoscere le proprie insufficienze culturali, lei, la prima della classe e poi la studentessa dei trenta e lode, feriva la sua vanità più di ogni altro segno di superiorità sociale.

Lise al contrario prendeva fuoco: quelle dispute con un avversario così irriducibile la facevano uscire dalle sue abituali riserve. Pur non volendo mostrare la sua superiorità, o una più vasta conoscenza della cultura mitteleuropea, dovuta ai suoi studi ma anche alla posizione della Svizzera al centro dell'Europa, si divertiva a stuzzicare e spesso irritare l'amica, che pure stimava, usando lo strumento dell'ironia e dello scetticismo. Per lei recedere dalle proprie convinzioni non aveva altro significato che accettare e mettere subito in discussione le idee dell'altra, mentre in Ermelinda si sentiva una sorta di ripicca, quasi si trattasse di una questione d'onore. E di questo sorrideva Lise, troppo sicura di sé.

Una volta le disse perfino che la sua suscettibilità, il suo voler avere ragione a tutti i costi, aveva una sola origine: una famiglia di stampo patriarcale. Un padre troppo presente, una madre autoritaria e una nonna che credeva ancora nella magia. E in più, l'ambiente nel quale era vissuta, troppo rispettoso delle tradizioni, senza alcuna apertura sul più vasto mondo; un'isola appunto, circondata dal mare e da questo anche delimitata. Il che aveva suscitato proteste ancor più infiammate. Ermelinda, nonostante controbattesse che anche la Svizzera era chiusa fra altissime montagne, sapeva che l'amica aveva ragione.

Con tutto ciò Ermelinda non se la sentì di comprare un libro in lingua tedesca, nonostante i consigli e le esortazioni di Lise.

Finalmente ebbero inizio le lezioni all'Università. Il primo giorno, entrando nella grande aula con un certo batticuore, si vide venire incontro Rahimi, il giovanotto persiano che nel frattempo aveva del tutto dimenticato. Sembrava la stesse aspettando.

«Finalmente ti ritrovo. Sono stato perfino alcune volte dalle tue parti nella speranza di incontrarti. Ho anche suonato alla porta di casa, ma nessuno mi ha aperto. Pensavo già che te ne fossi tornata in Italia.»

Ermelinda lo guardò sbalordita. Non si aspettava tanta sollecitudine da chi faceva fatica a riconoscere; erano passati non otto giorni, da quando lo aveva incontrato, ma otto anni, otto secoli. Quel giorno, il suo arrivo alla Südbahnhof, l'Asta, il primo scontro con la Frau Baronin, con la quale – anche con l'intervento di Lise che aveva fatto da intermediaria – aveva concluso una sorta di armistizio, tutto era talmente lontano che sembrava appartenere al passato di un'altra persona. Anche Rahimi si accorse del cambiamento. Ermelinda non era smarrita, non gridava aiuto con tutta la persona, non era più l'uccellino caduto dal nido che cerca protezione. Era bastata una settimana e chissà quali esperienze per dare una nuova luce ai suoi occhi neri, una profondità e una fermezza che non avrebbe immaginato possibile in una ragazza come quella.

Durante la lezione, seduto dietro a lei, irrequieto come un adolescente alle prime armi, non fece che passarle dei bigliettini: „Che fai dopo?"; „Ti posso accompagnare a casa?"; „Se non hai niente di meglio da fare, potresti venire con me al Kunsthistorisches Museum o in un altro museo", e subito dopo: „vieni a mangiare un panino con me?" Ermelinda srotolava i foglietti, li leggeva, sorrideva e li metteva in tasca, senza rispondere, senza girarsi, senza dare un segno qualsiasi. Le sembrava di essere tornata ai tempi della scuola, quando ricevere bigliettini simili era all'ordine del giorno. Alla fine della prima ora – avevano dieci minuti di intervallo fra una lezione e l'altra – Rahimi si accoccolò per terra, accanto a lei:

«Sei arrabbiata con me perché non ti ho accompagnato a casa, quel giorno? Ci ho pensato dopo, quando ero già salito sul tram. Non so quale improvviso impulso mi abbia spinto a salire su quel maledetto tram, senza riflettere un secondo, senza nessun riguardo per te. Ho avuto dei veri rimorsi tutti questi giorni, ti ho lasciato sola, con quella valigia pesante...»

«Ma che dici? Perché avresti dovuto accompagnarmi a casa?», e il ricordo del poliziotto la fece improvvisamente arrossire. Lo aveva dimenticato, come aveva dimenticato Rahimi e tutto il resto. „Ho una nuova amica" avrebbe voluto gridare.

«Allora, ti posso accompagnare? E... cosa hai fatto tutta questa settimana, qui, sola? Hai conosciuto qualcuno?» Ermelinda sorrise, sorpresa da tanto interessamento, ma anche lusingata: un corteggiatore persiano era l'ultima cosa che si sarebbe aspettata di incontrare a Vienna. Sul momento decise di non scriverne niente a casa, ma di parlarne con Lise, lei sembrava avere una certa esperienza in fatto di uomini. Per lo meno le piaceva immaginarla così.

«Se proprio ci tieni, possiamo andare insieme a un museo qualunque, per me va bene anche il Kunsthistorisches, o come lo hai chiamato tu.»

Rahimi era vestito con eleganza ricercata: camicia di seta, cravatta anche di seta ben assortita, sicuramente firmata. Profumato. Ermelinda non aveva mai conosciuto un giovanotto così lisciato, messo a lucido come quello. Lo trovò buffo, quasi patetico. Pensò alla cura, al tempo che aveva impiegato davanti allo specchio, quella mattina, prima di venire alla lezione. Quasi commovente. I suoi colleghi d'università erano di tutt'altra pasta, si sarebbero vergognati di portare un vestito elegante, per non dire della camicia e della cravatta.

Rahimi si sedette di nuovo dietro a lei e cercò di seguire la seconda parte della lezione. Davanti a lui la lunga treccia nera di Ermelinda, i ricciolini che scappavano da tutte le parti, le piccole orecchie delicate e il collo sottile di bambina. Si sentiva tutto rimescolare. È proprio un bene che le ragazze islamiche tengano i capelli nascosti sotto un velo nero, meglio ancora uno Chador, pensò, solo un uomo orientale conosce il potere seduttivo di un ricciolo femminile, di una nuca di donna, di due orecchie tenere come quelle di un bambino.

Non riusciva a concentrarsi.

Tutta la settimana aveva pensato a lei, l'aveva cercata non soltanto alla Böcklinstrasse, ma in giro per la città, ogni giorno facendo un itinerario diverso. Una volta aveva perfino telefonato – il giovanotto dell'Asta si era lasciato commuovere e gli aveva passato indirizzo e numero telefonico – ma una voce da cane arrabbiato aveva risposto che in casa sua non abitava nessuna Ermelinda e che non telefonasse più se non voleva avere dei guai. Sarà stata la solitudine, ma ogni giorno, ogni notte che passava era costretto a pensare a lei, idealizzandola, creandosi un immagine che si allontanava sempre più dalla realtà.

Ora era lì, seduta davanti a lui, e non aveva il coraggio di allungare la mano, toccare quella treccia pesante; se la forza del desiderio era in grado di smuovere le montagne, e Maometto era un precedente non trascurabile, sarebbe bastato fissarli, intensamente, con forza ipnotica, perché quella massa di capelli come per magia si sciogliesse in tutta la loro bellezza. E fantasticava di una forbicina con la quale avrebbe potuto recidere un ricciolino, uno nascosto, segreto. Un ricciolino che avrebbe conservato religiosamente come una reliquia, fra due foglietti di carta velina, in una tasca anch'essa segreta del suo portafoglio. Ma gli sarebbe bastato anche solo sfiorare leggermente la sua spalla, il collo, un orecchio; alla fine si sarebbe accontentato anche della piccola mano che lei, al suo arrivo, non gli aveva neanche dato.

Lei sembrava indifferente, non aveva più quello sguardo da cerbiatto smarrito che lo aveva tanto incantato; non quegli occhi neri velati di una malinconia antica che lui conosceva tanto bene, in cui si specchiava la sofferenza ma anche il torpore di generazioni di donne da secoli sottomesse. Non era sperduta, bisognosa di aiuto. L'aveva persa subito dopo averla trovata… ora era deciso a non lasciarsela scappare una seconda volta.

Alla fine della lezione Ermelinda se lo trovò accanto, come per caso. Ma un caso non era. Senza neanche darle il tempo di scambiare quattro chiacchiere con gli altri studenti la pilotò fuori la porta dell'aula, in fretta, temendo che qualche ostacolo non gli permettesse di portarla al museo.

Inoltre non fece che parlare – più tardi Ermelinda non avrebbe avuto nessun ricordo di quell'incontro né di tutti gli altri incontri che seguirono – raccontandole della propria famiglia, del ruolo importante che il padre ricopriva a corte, dei suoi progetti per il futuro, indirizzato a una carriera diplomatica; per questo la necessità di conoscere diverse lingue – dei suoi studi a Ginevra in scienze politiche, già conclusi. Disse di avere ventinove anni. La famiglia pensava fosse arrivato il momento di accasarsi. Aggiunse subito che i suoi genitori gli permettevano di scegliersi la sposa da solo, senza intervenire in nessun modo, essendo molto europeizzati, di larghe vedute e lontani dalle retrograde leggi islamiche. Lui stesso non esercitava la religione del suo Paese, essendo cresciuto in vari collegi europei; per lui non era importante la religione: anche una cattolica, gli sarebbe andata bene.

Ermelinda non faceva domande, lo lasciava parlare e a volte a lui venne il sospetto che tutte le sue chiacchiere non la interessassero neanche un poco, che forse non lo ascoltava, o lo trovava noioso. Di colpo tacque, piuttosto scoraggiato. Erano arrivati.

Entrarono al museo. Un ingresso grandioso, una magnifica scalinata di marmo, poca gente.

Rahimi corse alla cassa e pagò il biglietto d'ingresso anche per Ermelinda. La ragazza arrossì:

«Come ti permetti?» All'Università era abituata che ognuno paga per sé e mai avrebbe accettato che un quasi sconosciuto le pagasse il biglietto. Rahimi si scusò:

«Al mio Paese se un giovanotto esce con una ragazza è chiaro che deve pagare lui, e poi si tratta di una piccolezza, non credo sia il caso di parlarne e ti prometto di non farlo più.» Ermelinda capì di aver sbagliato tono e che l'essersi risentita per quella sciocchezza avrebbe finito col rovinarle la visita al museo. Senza contare che non aveva nessuna intenzione di offendere Rahimi.

La grandiosità di quel palazzo intanto le fece dimenticare quel piccolo incidente; passava da una meraviglia all'altra ed era convinta di non aver mai visto niente di più bello. Era talmente affascinata dalle sale, dagli stucchi, dalle porte, i divani e il resto che quasi perse di vista i tanti quadri esposti alle pareti. Dopo un'ora sentiva girarle la testa. C'era troppa roba da vedere e si ripromise di tornarci insieme a Lise. Lei sicuramente con le sue osservazioni, il suo spirito e la conoscenza della pittura che già aveva avuto modo di sperimentare, avrebbe creato un'altra atmosfera: Rahimi passava da un quadro all'altro senza un solo commento, anzi sembrava non accorgersi di niente, assorto in altri pensieri. Era infatti più occupato a osservare la sua accompagnatrice che l'ambiente che lo circondava.

Incontri viennesi

Ermelinda prese a frequentare la Taubstummengasse. Ogni volta che si trovava da quelle parti non tralasciava di fare un salto dall'amica; quella casa le piaceva, il portone padronale, le scale con la prima rampa di marmo e il resto di legno piuttosto malmesso, così tipicamente viennese. E il vecchio ascensore traballante, usato poi una sola volta, in compagnia di Lise, dal quale era uscita col mal di mare.

Le scale strette, buie – ad ogni pianerottolo pendeva una lampadina da quindici watt, sicuramente anteguerra – gemevano a ogni passo, nonostante la guida alquanto logora, qua e là sdrucita, bisognosa di qualche rattoppo; scale evidentemente riservate al personale di servizio cui non era permesso servirsi dell'ascensore. Ermelinda era solita prenderle di corsa, aggredendo i gradini, di per sé molti bassi, a due a due, soprattutto in seguito ad un incontro con un uomo, forse ubriaco, barcollante, che aveva afferrato la sua gonna nel tentativo di fermarla o forse soltanto per sostenersi. Con uno strattone si era liberata ed era corsa a bussare freneticamente alla porta di Lise. Questa, al racconto affannoso della ragazza aveva, come sua abitudine, sollevato le sopracciglia: al piano di sotto un medico, specialista in malattie tropicali, aveva il suo studio. Anche a lei capitava a volte di incontrare strani tipi, ma nessuno l'aveva mai molestata.

Ermelinda si chiese se ci fosse al mondo qualcuno in grado di molestare una donna come lei.

Quanti pomeriggi trascorsi in quel salotto sovraccarico di mobili, credenze, un grande tavolo intorno al quale avrebbero potuto prendere posto una decina di persone, un grosso divano di velluto rosso lungo una parete, tende di velluto pesante, rosso scuro e un lampadario anni Venti di seta pieghettata, una volta forse rosa, ora solo sbiadita e polverosa. Le poche pareti libere da mobili erano coperte da quadri, per lo più vecchie fotografie di chissà chi, tutte severamente incorniciate di nero. La stanza, molto grande, era buia per via di una loggia che si apriva su un parco, l'interno del Theresianum. La loggia era coperta. Tutta in legno, scurito dalle intemperie, era arredata con poltroncine di vimini, tavolino e alcune piante che non si sa bene come riuscivano a sopravvivere durante l'inverno. A intervalli regolari, Lise, pregata dalla padrona di casa, annaffiava quelle cosiddette sempreverdi, che di verde non avevano neanche il ricordo per via della polvere che le ricopriva. Piante eroiche, diceva Lise, sempre sul punto di soccombere, in una continua agonia fra la vita e la morte.

L'affitto piuttosto alto, duemila scellini, veniva riscosso dalla padrona personalmente ogni primo del mese, in contanti, e se possibile senza testimoni. Infatti poteva subaffittare la casa soltanto in nero, dato che lei stessa l'aveva in affitto, con un contratto di prima della guerra – pagava forse cento scellini al mese – una situazione allora abbastanza normale a Vienna. In seguito al carovita dovuto all'inflazione galoppante del dopoguerra, per stroncare lo sfruttamento sugli immobili, il Comune aveva emanato una legge che appunto bloccava gli affitti a prezzi anteguerra. Una situazione assai problematica, perché se da una parte proteggeva una parte della popolazione che in tal modo non poteva venire sfruttata dai proprietari, dall'altra favoriva quella dei subaffittuari: da qui il degrado dei vecchi palazzi ottocenteschi, maltenuti appunto perché non rendevano niente, mancanti delle necessarie opere di ristrutturazione e restauro.

Questa storia del fitto bloccato e tutto il resto glielo aveva raccontato Lise, sempre col sorriso su quella sua bocca un po' sbilenca: anni dopo si sottopose a un'operazione di chirurgia plastica che la rese quasi irriconoscibile; le cambiò infatti la linea delle labbra e ricostruì un viso che somigliava di certo a quello di prima dell'incidente, ma con una notevole perdita di personalità.

Lise trovava la casa assai viennese, ma ancor più la sua padrona, che pur non essendo una Baronin era pur sempre la moglie di un ex diplomatico nazista, cui per ovvi motivi, dopo la guerra, era stato vietato di esercitare la professione. D'altra parte alla sua età era giusto che se ne andasse in pensione, aveva concluso una volta la signora con una certa ironia. Questo però non le impediva di lamentare l'irrisorietà della somma assegnatagli dalla nuova classe dirigente, secondo lei minima, a confronto con quello che in realtà le sarebbe spettato data la carriera che aveva fatto. E in quanto al regime: un diplomatico non ha scelta! Raccontava poi, senza neanche nascondere un certo rimpianto, di passati splendori, prima e durante la guerra, di lussi e privilegi dei quali nessuno aveva idea e dei quali loro e altre poche persone avevano goduto largamente. Ora era costretta ad affittare la casa dove abitava da ragazza, riservandosi una stanza, o forse due – Lise non lo sapeva con certezza – c'erano infatti due porte sempre chiuse a chiave – per dimostrare al proprietario, in caso di controllo, di avere assolutamente bisogno della casa, dato che era 'parzialmente' separata dal marito. Quel controllo tanto temuto dalla signora ex ambasciatrice non arrivò mai, per la pace di tutti.

Non era chiaro in che cosa consistesse la cosiddetta separazione parziale, ma lei insisteva su questo particolare. Lise avrebbe dovuto testimoniare che la signora veniva con una certa regolarità e non da sola, ma sempre in compagnia maschile. Non mancava infatti di sottolineare con intenzione il fatto che il marito assai più vecchio di lei, una trentina di anni, non poteva più sopperire a certi suoi bisogni; in fin dei conti, ognuno avrebbe capito che lei, alla sua età, del resto indefinibile, non poteva certo vivere accanto a un rudere di altri tempi. Forse era stata proprio questa differenza di età a convincere il proprietario del palazzo a lasciarle l'appartamento per un tempo indeterminato.

Ad ogni modo Lise, divertita più che mai da questa storia, si dichiarò pronta a testimoniare più o meno il falso.

In realtà continuava ad abitare col vecchio marito in un grande appartamento arredato come un museo, cioè pieno traboccante di mobili antichi, tappeti, quadri e altra roba di valore, dove una volta Lise era andata insieme a Ermelinda per portare il denaro dell'affitto; qualche giorno prima della fine del mese, infatti, era arrivato un bigliettino in cui a grandi lettere svolazzanti pregava di andare da lei per i noti motivi (cioè il pagamento dell'affitto) dato che stava poco bene di salute. Non aveva mancato di precisare di portare una busta ben chiusa e di consegnarla a lei personalmente. L'indirizzo dato era a poche centinaia di metri dalla Taubstummengasse.

In quell'occasione conobbero anche l'ex ambasciatore, effettivamente un vecchio cadente, seduto su una poltrona davanti al caminetto acceso, un plaid sulle ginocchia, la pipa spenta in mano e lo sguardo acquoso perso in chissà quali visioni. Le ragazze ebbero l'impressione che non si fosse neanche accorto della loro presenza.

Lise ascoltava sempre con curiosità i racconti di passati splendori, dei grandi ricevimenti anche durante la guerra, di balli, concerti, visite all'Opera in cui era possibile incontrare i grandi personaggi della politica, della cultura e dell'arte; racconti nei quali venivano sistematicamente ignorati certi fatti che sembravano essere solo frutto della fantasia di qualche storico disoccupato, come il terrore nazista, la guerra alle porte della città, la scomparsa di tutti gli ebrei da Vienna, i bombardamenti e tutto il resto. Passava sopra perfino sull'occupazione dei russi e delle altre nazioni vincenti, avvenuta pochi anni prima, sul razionamento dei viveri e la grande miseria che aveva segnato la fine della guerra. Fu l'unica però, accennando alle difficoltà passate e presenti, a non commentare con una frase che veniva spesso ripetuta ancora in quegli anni e cioè: „purtroppo abbiamo perso la guerra." Dal '38, dal giorno cioè del famoso Anschluss, fino al '45, aveva vissuto anni irripetibili, una specie di età dell'oro cui tornava, almeno nel ricordo, con visibile soddisfazione.

La signora, forse cinquantenne o poco più giovane, era in ogni caso ancora una donna molto piacente. Come quasi tutte le viennesi di una certa classe sociale – ma anche la cosiddetta '*Proletin*' non ne era esente – possedeva uno *charme* tutto particolare, che si manifestava anche solo nel modo di camminare, di muoversi; un istinto di seduzione che usava con giovani e vecchi, uomini e donne in tutte le occasioni, anche quando andava per strada. Sembrava una seconda natura, un qualcosa di innato, il segno di riconoscimento di ogni donna viennese degna di questo nome. Lise ne era affascinata, anzi la osservava con grande curiosità volendo forse carpire il segreto di quel fascino. Truccata con discrezione e vestita con eleganza un po' ricercata, di certo per mezzo dei duemila scellini extra che riceveva da Lise, soldi che incassava forse all'insaputa del marito, era nervosa, sempre sul punto di andar via, benché ogni volta che veniva finisse col restare almeno un'ora, e a volte di più. Appoggiata allo stipite della porta del salotto, una mano posata graziosamente al fianco, nell'atto di sollevare la falda del cappotto per mostrare il busto ancora florido – un gesto di raffinata eleganza, magari studiato davanti allo specchio – incrociava una gamba sull'altra tenendo un piedino in punta, come una ballerina. A vederla così si sarebbe potuto pensare a un ritratto di Renoir, aveva detto una volta Lise, e delle figure di Renoir aveva il corpo, la grazia, la sensualità.

Fu lì che Ermelinda la rivide, un pomeriggio, il primo novembre. A lungo non riuscì a dimenticare lo sguardo sorpreso della signora ex-ambasciatrice che aveva fatto finta di non riconoscerla. Ma non c'era solo sorpresa nei suoi occhi. Con un solo sguardo aveva infatti valutato a quale categoria di persone apparteneva: il ceto, la modesta famiglia da cui proveniva e tutto il resto. Il risultato non fu soddisfacente: in lei aveva visto una classe inferiore a quella di Lise. E in più, una proveniente dal Sud dell'Europa.

Ermelinda colse subito in quello sguardo la stessa arroganza razziale o di casta che aveva già notato nella Frau Baronin. E ne fu ferita.

Lise, cui accennò di questa sua impressione, reagì al solito modo: sollevò le sopracciglia e scosse le spalle.

«Te lo sarai sognato. Io non ho notato niente e poi, che c'entra la razza? Comincio a pensare che tu abbia un complesso d'inferiorità.»

Ma da Lise era possibile incontrare i tipi più strani, colleghi della Musikakademie o studenti universitari che aveva conosciuto ai concerti, all'opera, forse anche per strada, come era accaduto con Ermelinda. La sua casa era aperta a tutti e lei stessa era un'ospite oltremodo generosa, disponibile anche se a modo suo riservata, decisa in ogni caso a mantenere certe distanze. C'era gente che andava e veniva più volte, altri che sparivano per non farsi più vedere.

Un pomeriggio Ermelinda entrando nel salotto di Lise ebbe l'impressione che la stanza fosse più luminosa del solito, quasi un raggio di sole vi si fosse smarrito, dimenticato fra quelle mura, cosa assai improbabile dato che appunto per via della loggia il sole lì non riusciva mai a penetrare.

Una ragazza alta, bionda, piuttosto in carne, non veramente grassa, ma formosa come le donne di Rubens, e bellissima, dominava con la sua presenza tutto il locale. Grandi occhi azzurri di porcellana, come certe bambole e come le bambole del tutto privi di espressione, sottolineati da un trucco piuttosto pesante. Un viso dai lineamenti perfetti, classici. Una dea antica, una specie di Giunone o Venere, ma forse soltanto una Valchiria venuta dal Nord.

Indossava un qualcosa di rosso corallo che le fasciava il corpo sottolineandone le forme abbondanti, un vestito come Ermelinda non aveva mai visto, chiaramente di alta sartoria. Appoggiata al pianoforte rideva di chissà che cosa, rovesciando la bella testa all'indietro, mentre con un dito cercava un suono sulla tastiera. Dopo un secondo aprì la bocca e senza alcun preavviso attaccò: «Tu che le vanità conoscesti del mondo.[6]» Una voce di una bellezza travolgente soprattutto quando scendeva nei suoni bassi: per Ermelinda fu come ascoltare per la prima volta una voce umana, qualcosa che sapeva di carne e sangue, sublimato dalla bellezza di quella bocca perfettamente truccata che si apriva mostrando la cavità del corpo, la fila di denti bianchissimi e perfetti, la lingua rosea.

È così che si canta? pensò sbalordita. Lise non aveva mai cantato in sua presenza ma, nonostante la sua inesperienza, qualcosa la fece subito dubitare e non avrebbe saputo dire perché: Lise non cantava così.

Vedendo lo stupore della nuova venuta, la donna in rosso proseguì divertita: «e godi nell'avel del riposo profondo», scendendo con visibile soddisfazione nei toni più bassi. Mai aveva sentito una voce così sconvolgente, così appassionata.

«Che ti pare? Ti sembra a mia pronuncia accettabila? Lise dice che tu viena adesso e sei italiana. Ti prego di correggere... nessun amante italiani non sapere fare... tutti ignoranti.» Una voce stranamente nasale, di suono sgradevole, un forte accento viennese, le vocali aperte in modo volgare, in pieno contrasto con una curiosa aria di affettazione come di chi voglia imitare una particolare categoria di persone raffinate: una caricatura, uno scherzo o era autentica? Come era possibile una simile trasformazione? Sentendola

[6]*Don Carlo*, di G. Verdi

parlare nessuno avrebbe pensato che da quella stessa bocca potesse scaturire un tale fiume di bellezza, di colori, di sublime carnalità.

Lise alzando le sopracciglia in un suo modo caratteristico e cercando di nascondere il sorriso divertito che la faccia di Ermelinda aveva provocato, intervenne.

«Brixi è convinta che sia possibile correggere la pronuncia di un'austriaca. Lo senti come apre tutte le vocali? Lei pensa che l'italiano sia tutto aperto e qui lo pensano tutti... in qualche modo sboccato, a bocca aperta»

«Ma uomini italiani tutti sboccati, sbracati.» E prese ad inveire contro gli usi sessuali degli italiani di sua conoscenza. Partirono frasi fantasticamente costruite, in cui ricorrevano con impressionante frequenza parole da trivio, oscenità tutte a sfondo sessuale, non risparmiando organi femminili o maschili in una fantasmagoria orgiastica che cercava l'eguale. Il tutto con leggerezza, quasi si trattasse di espressioni di uso comune. Evidentemente non si rendeva conto delle enormità che andava dicendo, ma forse era proprio questo, oltre ad altre sue qualità, ad attirare quel tipo di clientela cui accennava con manifesto disprezzo.

Ermelinda sgranava sempre più gli occhi, inghiottendo ad ogni nuova sconcezza, mentre Lise sorrideva ammiccando divertita; per lei Brixi rappresentava una fauna come un'altra, forse un po' piccante, ma niente di più.

«Ma uomo italiani generosa. Oltre somma pattuita dà regali principeschi, da re, borsa di coccodrillo, vestito Dior e bracciale d'oro e diamanti di Cartier. Milanesi miei migliori clienti e grossi sporcaccioni.» E mostrò una grande borsa di coccodrillo, di finissima fattura che le serviva per gli spartiti musicali, il vestito rosso corallo, e un gioiello di gran valore, un bracciale con brillanti al polso più un orologio per l'altro polso, gemello, portato con voluta sciatteria, quasi si trattasse di stracci da quattro soldi e gioielli falsi. La sua ricca clientela aveva non solo soldi. Non difettava neanche di buon gusto.

Quando la bella Brixi, dopo aver preso il tè insieme alle ragazze e aver mangiato ben quattro fette di torta delle sei che aveva portato lei stessa, sottolineando di averle prese da Dehmel e scusandosi di mangiarle quasi tutte lei, dato che per dimagrire aveva saltato il pranzo, si accomiatò, Lise raccontò quanto sapeva di quella strana creatura, conosciuta nella classe di Preparazione alla scuola d'opera.

Brixi era un fiore esotico, un unicum alla Musikakademie, e non solo per la sua prorompente bellezza e la voce di particolare qualità: gli uomini, dal portiere al direttore, agli insegnanti e studenti tutti sentivano la provocazione che veniva da quella persona. Conosceva l'arte antica della seduzione, ne era anzi al di sopra, e se da una parte seduceva, mettendo in evidenza un corpo sensuale che prometteva chissà quali estasi e godimenti senza nessuna inibizione, dall'altra si prendeva gioco della debolezza e di quello che lei definiva 'vigliaccheria maschile.' La sua risata sboccata, volgare, carica di doppisensi, non la risata di una cantante, mandava in bestia qualsiasi uomo, scoperto, anzi sorpreso nella propria effettiva fragilità. Sì, era questo che sconvolgeva l'equilibrio di quella istituzione, tanto che c'era chi temeva di trovarsi solo con lei in un'aula... nessun uomo, da solo a solo, si sentiva abbastanza sicuro della propria virilità di fronte a quella stupenda Valchiria. E lei lo sapeva. E ne godeva. Per una sorta di vendetta si era sparsa la voce di una sua presunta ninfomania, fama che non la disturbava affatto.

Il mestiere che esercitava fin dalla prima adolescenza, spinta dalla madre, una vera megera, conosciuta da tutti alla Metternichgasse per le scenate colossali che era capace di organizzare insieme alla figlia, la mettevano su un piano diverso rispetto a tutte le altre ragazze che frequentavano l'Accademia. Più di una volta il direttore era stato costretto a intervenire per calmare le due iene (furiosi litigi per questioni di denaro) fino a che proibì alla madre di farsi vedere da quelle parti. Con poco successo, del resto.

Le ragazze ridevano di quelle storie di seduzioni, di giovanotti che spasimavano più o meno apertamente nascondendo forse a se stessi un certo timore. Ma Brixi non aveva nessuna amica, la sola che la riceveva nella propria casa, che aveva anche un contatto personale con lei era proprio Lise. Lei non temeva contaminazioni di nessun genere. Era curiosa e aperta e non si lasciava impressionare dalle opinioni altrui. Tornò infatti varie volte alla Taubstummengasse, sempre stravagante, sempre avvolta in abiti costosissimi, gioielli appariscenti, truccatissima, sciatta e stupenda.

Ora poi aveva un amante italiano che per lei aveva persino abbandonato moglie e figli. L'aveva conosciuta durante un viaggio da Milano a Vienna e da allora non l'aveva più lasciata. Si era trasferito lasciando in asso non soltanto la famiglia, ma anche i suoi affari. Aveva preso un appartamento per lei sola (Brixi si era rifiutata di abitare insieme a lui), pagandole anche un mensile fisso, più una quantità di regali. Brixi raccontava ridendo che era già pieno di debiti, ma era convinto che lei avrebbe fatto una grande carriera e l'avrebbe ripagato di tutto.

Anche Lise era convinta che avrebbe fatto carriera, una grande carriera e per questo aveva tutte le carte in regola.

Una lettera

Ormai era arrivata agli sgoccioli. Ancora poche settimane e sarebbe ritornata a casa. Una mattina all'inizio di dicembre, rovistando fra le sue carte, Ermelinda si trovò fra le mani una busta chiusa, indirizzata a un certo Dr. Michael Springer, Nationalbibliothek, e si ricordò di averla ricevuta insieme a una quantità di informazioni dal suo professore di tedesco. Era una lettera di presentazione. Quel signore le avrebbe appianato le prime difficoltà e in ogni caso le sarebbe stato di aiuto. Appena arrivata, aveva detto il professor Müller, avrebbe dovuto fare una visita al suo vecchio amico, ma Ermelinda, ormai presa dalla sua nuova vita viennese, aveva messo la lettera da parte, dimenticandola del tutto. Ora pensò che non avrebbe potuto tornare a casa senza aver fatto almeno atto di presenza, benché l'idea di trascorrere dieci minuti o un'ora con un vecchio signore, bibliotecario e sicuramente noioso, non l'allettasse affatto.

Quel pomeriggio di colpo decise di andare alla Nationalbibliothek, anche perché forse avrebbe avuto la possibilità di prendere qualche libro in prestito; le sue molte lacune in fatto di letteratura tedesca la mettevano sempre più in una posizione di svantaggio nei confronti di Lise e almeno avrebbe voluto mostrare un po' di buona volontà.

Si accorse subito che la Biblioteca si suddivideva in due edifici; uno aveva l'entrata alla Josefplatz, l'altra, dopo vari giri dentro la Hofburg, in una enorme spianata, la Heldenplatz. Questo nome suscitò una piccola risonanza, qualcosa si mise in movimento nella sua testa. Da qualche parte, e non sapeva dove e quando, aveva già sentito quel nome. Cosa era accaduto lì? Le sarebbe piaciuto saperlo. La piazza era immensa, chissà quante migliaia di persone vi avrebbero potuto trovare posto, ideale per una dimostrazione di massa, come piazza Venezia, a Roma. Pensò di chiedere qualche informazione all'amico del professore, lui sicuramente ne sapeva qualcosa.

Una grande scalinata di travertino, un ingresso sontuoso. Un portiere prese la sua lettera e le disse di aspettare. Dopo una decina di minuti ricomparve e le disse di salire al secondo piano, il Dr. Springer l'avrebbe aspettata in cima alle scale. Salì una prima rampa, poi una seconda, ma era arrivata soltanto al primo piano, continuò la scalata e infine, col fiato grosso, si ritrovò su un vasto pianerottolo. Si guardò intorno in cerca di un vecchio signore. Eccettuato un giovane di alta statura, di una trentina d'anni o forse più, che lei neanche degnò di un'occhiata, nessuno. Forse aveva capito male, il portiere biascicava un tedesco per indigeni, forse avrebbe dovuto andare a cercarlo nella sua stanza.

«Stando alla descrizione del professor Müller, credo lei debba essere la signorina Ermelinda Pieri. Mi permetta di presentarmi, Michael Springer.» Il giovane si inchinò in modo cerimonioso, stile vecchia Vienna, e aprì una porta per farla passare in un lungo corridoio, si scusò di doverla precedere e sempre parlando in italiano aprì un'altra porta e la introdusse nel suo studio.

Ermelinda non aveva ancora ripreso fiato. Stordita lo aveva seguito e non sapeva come.

I suoi piedi non toccavano terra, le sembrava di galleggiare, di aver perso il suo solito peso corporeo, anzi di non avere più né piedi né gambe né niente. Quasi fosse aria, solo aria e niente altro. Così si cammina solo nei sogni: movimenti involontari, arti che non ubbidiscono più alle leggi di gravitazione, tutto fluttuante, i corpi, gli oggetti nello spazio aperto senza contorni, senza confini.

Non aveva mai avuto una sensazione simile di leggerezza, di incorporeità, come trascinata da una forza sconosciuta.

Il Dr. Springer le indicò una sedia di fronte alla sua scrivania, e aspettò che lei si sedesse prima di sedersi a sua volta. Quasi volesse darsi un po' di importanza, ordinò alcune carte cui sembrava aver lavorato prima del suo arrivo e come per caso prese un piccolo ritratto incorniciato, posto su un angolo della scrivania. Osservò un momento la fotografia e senza alcuna ragione plausibile la mostrò ad Ermelinda:

«Questo è il mio bambino.» Avrà avuto due anni, forse meno, un bel bambino biondo, lo sguardo spaurito, in qualche modo in attesa di qualcosa di spiacevole.

«Che bel bambino. Quanti anni ha?» balbettò Ermelinda.

«Venti mesi. Si chiama anche lui Michael. Il nome è stato scelto da mia madre.» Appoggiò di nuovo il ritratto sul tavolo, e continuò ancora un momento a fissarlo. Infine staccò gli occhi da quell'immagine e guardò la ragazza che gli stava seduta davanti. La guardò a lungo senza dire una parola, incerto lui stesso, dopo quella parentesi del tutto fuori posto, come continuare; infine si scosse e tornò il tono cerimonioso, impersonale col quale l'aveva accolta sulle scale.

«Posso esserle in qualche modo utile? Poco fa ho avuto l'impressione che lei si aspettasse di vedere un'altra persona. Io sono il figlio dell'amico del professor Müller. Mio padre è morto da due anni. Erano compagni di studio. Dopo la sua partenza per l'Italia, credo si scrivessero con una certa regolarità.... pensavo di avergli comunicato la notizia della sua morte. Piuttosto l'aspettavo già prima, lei è qui da due o tre mesi, se non sbaglio, per studiare il tedesco. Il professor Müller mi ha annunciato la sua visita, mi ha scritto già in agosto o settembre, non ricordo bene. Come va? Ha trovato una buona sistemazione?» Ermelinda cercava intanto di uscire da quello strano stato di torpore. Non riusciva a formulare un solo pensiero, una sola frase ragionevole.

«Mi sono acclimatata, nel senso non climatico, perché qui è già inverno mentre da noi ora comincia solo l'autunno. Volevo dire che mi sono ambientata, cioè ho una stanza, ho fatto qualche conoscenza e i corsi sono cominciati, per cui sono impegnata tutte le mattine e… basta, non ho bisogno di niente. Forse qualche libro, possibilmente in lingua italiana, dato che non ho niente da leggere. Vorrei conoscere un po' di letteratura tedesca o meglio austriaca, qualcosa di particolare, che mi faccia capire la mentalità di questa gente, la loro storia, la cultura.» La bocca secca, riusciva a fatica a pronunciare le parole staccandole fra di loro, mettendo intervalli là dove non erano necessari, cercando di mantenere ferma almeno la voce. Neanche agli esami universitari aveva reagito così, benché fosse ogni volta assai agitata. Ora era un'altra cosa, anzi era sorpresa di riuscire a formulare, in qualche modo corretto, qualche frase di senso compiuto.

Era stata colta di sorpresa, ecco il motivo di questa reazione ingiustificata, pensò: i tempi dell'infanzia, in cui sapeva improvvisare a getto continuo, erano ormai lontani.

«Ma certo, posso aiutarla benché non credo sia facile trovare delle traduzioni in lingua italiana. Perché non tenta invece con gli originali? Posso darle tutti i libri che vuole, basterà che riempia un formulario con nome, cognome e indirizzo. Potrà portarli a casa, o se vuole leggerli qui, in biblioteca. Ha già qualche idea?» Ermelinda non aveva nessuna idea, fece solo qualche nome, sentito da Lise: Roth, Canetti, Kraus. Il Dr. Springer la pregò di aspettare e uscì a precipizio dalla stanza, quasi non avesse desiderato altro.

Rimasta sola, Ermelinda si accorse di essere scossa da un forte tremito; appoggiò le mani sul bordo della scrivania e le osservò quasi non le riconoscesse. Le rimise in grembo seguendo i propri movimenti con curiosità, quasi si trattasse di un corpo estraneo. Le mani erano minute, „mani di bambina", aveva detto qualcuno che ora non ricordava, ma quella frase tornò alla memoria in quel momento, non avrebbe saputo dire perché, come si accorgesse ora, per la prima volta, di avere due mani piccolissime, fragili; mani che non conoscevano nessun tipo di lavoro, eccettuato quello di sfogliare libri.

Passarono lunghi minuti, forse dieci, forse di più. Ad un certo punto le venne il sospetto che il Dr. Springer non sarebbe più tornato, che l'avesse dimenticata. Si alzò indecisa e in quel momento la porta si riaprì. Il Dr. Springer entrò con una pila di libri sulle braccia.

«Non si preoccupi, ne ho portati molti perché lei possa fare una scelta.» Li appoggiò sulla scrivania e cominciò a sfogliarne uno.

«Questo è di Joseph Roth, *Radetzkymarsch,* la storia dell'eroe di Solferino e della sua famiglia fino all'inizio della prima guerra mondiale.» Ermelinda si sentì punta da una vespa: due nomi e un solo ricordo scolastico.

«Solferino. Solferino è il luogo in cui fu combattuta e vinta la seconda guerra di indipendenza contro gli austriaci. Non so cosa ci possa entrare Radetzky, morto se non sbaglio un anno prima a Milano... dopo aver messo alla tortura non so quanti patrioti italiani. Fu contro di lui, contro il suo regime, che i milanesi si mossero durante le famose Cinque giornate del '48... per noi quel nome è simbolo di crudeltà, di repressioni terribili.» Si sentì ribollire, l'agitazione le mozzava il respiro. Non riusciva a pronunciare una frase senza sentirsi strozzare. Di colpo capì di trovarsi in terra nemica.

Col tram attraversava spesso Radetzkyplatz e ogni volta le montava il sangue alla testa: intitolare una piazza a un uomo come quello significava considerarlo un eroe. E gli austriaci lo consideravano un eroe, questo era chiaro.

Il Dr. Springer sorrise, la reazione della ragazza, lo sguardo acceso, la passione che vi traspariva lo incantò un momento.

«Certo, Radeztky ebbe il torto di battere gli italiani a Custoza, ma anche le truppe austriache furono costrette a ritirarsi appunto a Solferino, quando intervennero anche i francesi per loro motivi personali… e se non ci fosse stato quell'ufficiale Trotta che secondo Roth si buttò su Francesco Giuseppe per salvargli la vita, la storia europea avrebbe preso un'altra direzione.»

«Vuole alludere al fatto che gli italiani senza l'aiuto dei francesi avrebbero perso anche la seconda Guerra di Indipendenza?»

«Non mi permetterei un simile sospetto!» e sorrise divertito.» Ma tornando al romanzo, il titolo si riferisce soltanto alla Radetzkymarsch, alla composizione che Johann Strauss scrisse appunto per celebrare la vittoria di Custoza; solo alla musica che veniva eseguita allora con una certa frequenza dalle bande militari e dalle orchestrine durante i concerti estivi nei parchi di varie cittadine dell'allora Impero Austro-Ungarico. D'altra parte il romanzo descrive il declino di quella società generato appunto dal suo immobilismo, dalla sua incapacità di rinnovamento: è già indicativo quel continuo ripetere gli stessi brani musicali, alla stessa ora, per celebrare fasti passati, personaggi come il Feldmarschall Radetzky che si può dire segna la fine di un'epoca. Se vuole, la giusta conclusione di un periodo storico durato fin troppo a lungo. Ad ogni modo è un capolavoro della letteratura europea e non per niente è stato scritto da un austriaco di Brody. Come se non bastasse, un ebreo vissuto a Vienna e morto a Parigi… devo subito aggiungere che ne sono contento per lui. Avrebbe potuto fare ben altra fine.»

Tacque.

Sembrava aver dimenticato la ragazza. Ermelinda, sorpresa dal tono della voce, – un velo era caduto di colpo su di lui, un velo nero che aveva incupito anche la sua voce – attese un seguito che non venne. Infine osò rompere il silenzio.

«Dov'è Brody? E perché dice che avrebbe potuto fare un'altra fine?» Il Dr. Springer si accorse di lei, vide quel visetto ingenuo, gli occhi neri, limpidi, pieni di domande. Sorrise. Capì che la ragazza non sapeva niente, che era rimasta ancorata alle storie del secolo scorso; del passato recente dell'Austria, degli ebrei e della loro tragica fine sembrava non essere trapelato niente fino alla lontana Sicilia.

«Brody è una piccola città della Galizia, al confine con l'allora Russia zarista, considerata una specie di fine del mondo civile. La Galizia apparteneva all'impero Austro-Ungarico. Chi nasceva lì era austriaco a tutti gli effetti, e Joseph Roth essendo nato lì era appunto un austriaco. Non so dove Brody sia finita ora, la Galizia è stata suddivisa fra Ucraina e Polonia. Ha perso perfino il suo nome d'origine, manca nelle nuove carte geografiche e lei ha ragione a non conoscerla: lì ormai nessuno parla tedesco e ora credo neanche ucraino. Conoscendo il sistema russo penso sia stata proibita alla gente del luogo ogni possibilità di identificarsi col proprio passato. Ma forse la gente di prima lì non c'è più, uno dei tanti casi di epurazione etnica. Mi meraviglio che lei non conosca la storia europea del XX secolo.»

«I nostri libri di storia si concludono con la prima guerra mondiale e lì non si parla di Galizia; io non sapevo che ci fosse una Galizia che confina con la Russia. In geografia ho imparato che la Galizia è una regione della Spagna» rispose piuttosto piccata, da perfetta prima della classe. Il Dr. Springer riprese il libro che durante tutta quella discussione aveva appoggiato sul tavolo e glielo mise in mano, senza aggiungere altro, volendo mettere il punto su tutta la questione.

Ermelinda lo aprì, lo sfogliò un poco.

«Ma è in tedesco. Io non credo di poter leggere tutto un romanzo in tedesco, e poi è molto lungo. Non avrebbe una traduzione italiana?»

«Per una traduzione penso debba cercare all'Istituto Italiano di cultura, forse lì hanno qualcosa. Qui non ho neanche guardato, anche perché non so se è stata fatta una traduzione in lingua italiana... d'altra parte potrei aiutarla io, per me sarebbe un ottimo esercizio. Anzi le dò un consiglio: cominci a leggere e metta un segno là dove c'è qualcosa che non capisce, poi venga a trovarmi e tenteremo insieme un'interpretazione del testo.»

Ermelinda pensò a Lise. Anche lei, in seguito alle loro discussioni a proposito di traduzioni e originali, le aveva regalato un libriccino di un centinaio di pagine, appunto per non scoraggiarla, un novella di Werfel con uno strano titolo, *Eine blaßblaue Frauenschrift*, che lei aveva iniziato a leggere senza riuscire ad andare oltre le prime pagine. Il tutto dopo due anni di studio del tedesco col Professor Müller! Proprio vero, l'unico modo per imparare una lingua è andare sul posto, benché da quando era a Vienna avesse avuto pochissime occasioni di parlare in tedesco. Tutti volevano parlare italiano con lei oppure in francese.

Intanto il Dr. Springer, per niente scoraggiato, continuò a sciorinare libri davanti ai suoi occhi, continuando a raccomandare quella benedetta *Radetzkymarsch*, perché secondo lui di basilare importanza, se si voleva capire la storia austriaca. Ermelinda infine si lasciò convincere, lo prese e promise di tornare la prossima settimana o più in là, dato che avrebbe avuto bisogno di tempo per leggere tutto quel malloppo.

«Perché non viene domani pomeriggio? Potremmo iniziare insieme, potrei darle qualche consiglio su come procedere.»

L'accompagnò fino in cima alle scale, la salutò con un inchino molto cerimonioso al quale Ermelinda non era abituata e la guardò scendere. La ragazza sentì di nuovo quella strana mancanza di peso, la leggerezza delle membra, i piedi che appena appena sfioravano i gradini. A una curva della scala, sul primo pianerottolo, come attratta da qualcosa, alzò la testa: lui era ancora lì ed ebbe la chiara sensazione di dissolversi sotto quello sguardo. Sentì quegli occhi posati su di lei fino alla fine della scala e anche dopo, sulla grande piazza degli eroi. Qui si fermò smarrita, l'aveva perso. Quel momento magico era caduto come un lenzuolo scivolato giù dal letto lasciandola scoperta, nuda, spogliata anche di quel resto di corpo che in qualche modo le era rimasto. Strinse al petto il libro che aveva ricevuto in prestito e cercò di orientarsi. Si ritrovò sul Ring e prese il primo tram che passava, in direzione Schwarzenbergplatz, scese a precipizio e si avviò quasi correndo verso la Taubstummengasse.

«Hai la faccia di chi ha appena ricevuto una colossale martellata in testa» esclamò Lise appena la vide davanti alla sua porta. Ermelinda, nonostante lo stato balordo in cui si trovava, non poté fare a meno di sorridere sentendo quel modo elegante di pronunciare la parola 'colossale' e 'marrrtellata' in un italiano che sentiva tanto di francese e che toglieva alle parole tutta la pesantezza che in realtà avevano nella lingua originale. Mai si sarebbe abituata alla pronuncia e al timbro di quella voce, pastosa, profonda, né mai si sarebbe stancata di ascoltarla.

Raccontò del pomeriggio trascorso alla Nationalbibliothek, del Dr. Springer e della sua proposta di leggere la *Radetzkymarsch* insieme. Lise alzò le sopracciglia e negli occhi guizzò un lampo di ironia, come quando era sul punto di fare qualche osservazione un po' piccante.

«Toglimi una curiosità: sei mai stata innamorata, o meglio hai avuto un fidanzato, un innamorato, un amante, un uomo? Sei uscita dall'infanzia? Hai capito dove vuole arrivare quel tuo Dr. Springer?» Ermelinda non aveva pensato a niente, non aveva supposto niente, era solo stordita. Non avrebbe saputo descrivere altrimenti il suo stato d'animo, ma le allusioni di Lise la ferirono e non capì perché. Ebbe anche l'impressione che Lise volesse vedere troppo lontano, e soprattutto che vedesse quello che non c'era, che non avrebbe mai potuto esserci.

«Non ti ho detto che il Dr. Springer – che non è mio e ti prego di non ripeterlo più – è sposato e ha un bambino. Mi ha mostrato subito la sua fotografia che tiene sulla scrivania. Come vedi le tue supposizioni sono del tutto fuori luogo.» Allo sbalordimento subentrò ora una profonda amarezza e non seppe spiegarsene la ragione. Si congedò presto adducendo la scusa di avere molto da studiare; in ogni caso si sarebbero incontrate il giorno dopo per andare insieme a un concerto.

In realtà aveva fretta di iniziare a leggere il romanzo.

Lesse la prima frase, seduta sul nobile divano al quale in pochissimo tempo si era abituata, anzi più di una volta vi aveva persino schiacciato un pisolino senza tanti riguardi per la tappezzeria un po' logora ma sempre molto pregiata, né per i braccioli in legno ritorto che il primo giorno non aveva neanche osato toccare. Appoggiò il libro sul tavolo, come la cosa più naturale del mondo, senza scrupoli per la lucidatura del mobile né per il suo eventuale valore.

La prima frase fu semplice, poche parole, chiare, precise. Per la seconda le fu già necessario il vocabolario: *Ahnherr*,[7] mai sentito prima. Così andò per tutta la prima pagina e per le seguenti. Nonostante l'aiuto del vocabolario spesso rimaneva bloccata per la costruzione di una frase, per certe allusioni su quanto evidentemente l'autore si riservava di spiegare in un secondo tempo, e altre difficoltà di vario genere.

---

[7] antenato

Segnò ogni inizio di frase che non capiva; dopo circa due ore di lavoro si accorse con orrore di aver segnato quel libro, come sua abitudine, con una miriade di tratti di matita. Un libro della biblioteca! Prese un foglio e incominciò a copiare tutte le frasi. Man mano che scriveva accuratamente ogni frase, cancellava i segni sul libro, un lavoro immane. Andò a letto stanchissima.

Si addormentò di colpo, senza una riflessione, un pensiero.

A metà notte si svegliò di soprassalto. Un sogno l'aveva sconvolta al punto da farla sobbalzare sul letto. Rimase seduta un momento, sconvolta e ancora dentro il sogno stesso. Non aveva mai sognato niente di simile.

Un uomo di bassa statura, piuttosto malandato, ma vestito di tutto punto. Sul davanti dei pantaloni, del resto abbottonati, si vedeva un pene roseo, solo un pene in tutta la sua innocenza, volto in su come il codino dei maiali. Il pene piuttosto grosso, pulito, finiva a punta, e si attorcigliava graziosamente, con una certa civetteria. Non accadde altro. Solo quell'uomo emergente dal nulla in tutta la sua crudezza.

Si rimise sotto il piumone, tremante, forse di freddo. La sua stanza veniva riscaldata sporadicamente, per motivi di economia e anche perché avrebbe dovuto farlo lei stessa e ogni volta era un dramma, con scenate piuttosto sgradevoli della Frau Baronin che non riusciva ad immaginare un essere umano incapace di accendere un fuoco: Ermelinda non aveva mai acceso un fuoco in vita sua.

Il ricordo improvviso di una scena, un episodio risalente a più di dieci anni prima tornò con lancinante chiarezza nella sua mente: di ritorno da scuola, e facendo i conti doveva essere già alle medie, lungo la strada che lei percorreva sempre insieme a una compagna – quel giorno assente forse perché malata – di colpo un uomo le si era parato davanti impedendole di proseguire. La fissava negli occhi con un'espressione stranamente sconsolata, come di chi implori comprensione per la propria miseria, facendole nello stesso tempo cenno di guardare in basso, sotto la cintura dei pantaloni: lì pendeva uno strano pezzo di carne, floscio, scuro, misero. Fu un attimo, con un balzo si scostò di lato e fuggì verso casa, il cuore in gola. Solo sulle scale si permise di riprendere fiato; alla nonna che la vide ancora trafelata non disse niente, si chiuse nella sua stanza e cercò di distrarsi mettendosi subito a fare i compiti per il giorno seguente. A pranzo non le riuscì di ingoiare un solo boccone. Quella scena riemerse varie volte davanti ai suoi occhi, sempre lo stesso sguardo ambiguo, il cenno della mano, quel membro sudicio che pendeva fuori dei pantaloni e tutta la figura miserabile di quell'uomo. Erano anni che non ci pensava più e ora questo sogno...

Perché, perché questo sogno, proprio adesso? Si chiese angosciata. Chi, che cosa rappresentava quell'uomo?

Non certo Rahimi, sempre perfettamente vestito, raffinato, e neanche il Dr Springer, alto, biondo – ricordò i capelli lisci, morbidi che gli cadevano ad ogni piccolo movimento sugli occhi – l'elegante figura che non aveva niente a che fare con quel poveraccio della sua infanzia.»

Il pensiero di lui la riprese: chi era il Dr. Springer? Quel lungo sguardo che l'avvolgeva tutta mentre scendeva le scale; uno sguardo che l'aveva poi seguita fin sulla strada, quando lui ormai si era ritirato nella sua stanza. Può uno sguardo, più di ogni parola, trasmettere un messaggio, una richiesta? Ermelinda non riuscì a prendere sonno e per il resto della notte non fece altro che rivedere la figura alta, nobile del Dr. Springer, il gesto elegante delle lunghe mani mentre sfogliava i libri, il suo inchino galante per invitarla ad entrare nella sua stanza. Da lui veniva una magia che non sapeva spiegarsi, che non conosceva. Nel dormiveglia appariva e spariva, una visione che la inquietava, la sconvolgeva; da chissà quali scomparti della memoria emerse la scena della seduzione nel Faust, letta col professor Müller, a Catania, e la conseguente follia di Margherita.

Quel sogno doveva avere a che fare con gli avvenimenti di quel pomeriggio, le parole allusive di Lise, quel suo sguardo ironico che ben conosceva e che spesso l'aveva irritata. Certo, qualche innamoramento romantico, qualche breve fiammata del tutto innocente per un compagno di scuola e poi d'università, qualche bacio scambiato, o meglio ricevuto di sfuggita, queste le sue esperienze.

Ma un amante?

Una ragazza di buona famiglia, ancora sotto tutela paterna, da pochi anni maggiorenne... neanche a pensarci.

Un amante!

Lise, di tre anni più vecchia di lei, viveva in un paese dove la verginità di una ragazza non aveva certo lo stesso significato o valore che vi veniva attribuito in Sicilia; lei faceva parte di un mondo diverso, molto più evoluto del suo, lo aveva capito fin dal primo momento della loro conoscenza.

Era sconcertata.

Soltanto il sospetto, la domanda di Lise se fosse uscita dall'infanzia, l'aveva del tutto disorientata. Cosa intendeva dire con quella frase? No, non era ancora andata a letto con un uomo. Non ci aveva pensato o non ne aveva mai avuto occasione, forse perché non si era lasciata andare in situazioni che avrebbero potuto portarcela.

Fino a quel momento non aveva mai pensato al matrimonio come alla conclusione naturale della sua esistenza; in casa non se ne parlava mai. Aveva ragione il padre, nella sua famiglia l'infanzia si prolungava oltre misura. Molte compagne di scuola erano già sposate e avevano bambini; almeno tre ragazze della sua stessa età, subito dopo la maturità, erano state costrette a sposarsi in fretta e furia. Allora non aveva riflettuto sul perché. Le storie amorose delle sue compagne non l'avevano mai interessata. Una prima della classe di solito ha altri interessi e nessun ragazzo le si avvicina, tenta qualche approccio. I commenti erano sempre gli stessi: una secchiona non può avere una vita sentimentale.

Come spiegare a Lise il mondo dal quale proveniva? Certe sue reazioni l'avevano già abbastanza stupita, Ermelinda l'aveva notato; che dire adesso, come confessarle di essere ancora vergine e di non considerarsi per questo anormale? Era cresciuta così, questa era l'educazione che aveva ricevuto, non conosceva altro e forse non aveva voluto conoscere altro.

D'altra parte, di queste cose in casa sua non si parlava mai.

Certe parole erano state eliminate dal vocabolario comune: sesso, verginità... Per gravidanza si usava l'espressione: essere in stato interessante. Perché interessante? La madre lo diceva sempre se parlava di qualche collega che già in età avanzata, e cioè dopo i trentacinque anni, si permetteva di essere in stato interessante e non si vergognava! E lei stessa? Non aveva mai osato chiedere, dato che dietro quello stato particolarmente interessante si nascondevano misteri o forse pericoli. Questi discorsi li sentiva da bambina, quando anche la mamma per ben due volte dovette ammettere di essere in stato interessante, e allora Ermelinda era tutta orecchi. La nonna aveva tagliato corto, mentre la madre, ammiccando, prendeva a parlare d'altro. Più tardi non si parlò più di donne in stato interessante. A quanto pare non era più un tema di conversazione. Poi, durante l'ultima gravidanza, ed Ermelinda era già in età in cui sarebbe stato possibile chiarire, spiegare, dare qualche informazione sulla sessualità, aveva evitato, in questo aiutata dalla nonna, a scendere in particolari che avrebbero potuto spianare la strada per introdurla sul tema più di ogni altro importante anche per la sua crescita. Al contrario sentiva che in qualche modo la madre si vergognava di ammettere di aspettare un bambino ancora „alla sua età", come qualche volta sottolineava con un certo imbarazzo.

A scuola, e poi all'università, le sue compagne ridacchiavano sempre guardandola. Una volta aveva sentito con le proprie orecchie una frase che l'aveva ferita e non sapeva perché.

«Ecco l'ingenuona! State attente a quello che dite se non volete farla arrossire!» E lei era subito arrossita, vergognandosi e arrabbiandosi con se stessa. Poi aveva cercato di occuparsi di altro, benché quella frase continuasse a risuonare nel suo cervello, ma soprattutto la parola 'ingenuona'. Certo parlavano di ragazzi, di sesso.

Il mistero dei sogni

La mattina seguente ritrovò, come ogni mattina, Rahimi all'inizio della Liebiggasse. Gli ultimi cento metri voleva percorrerli insieme a lei, benché non lo desse a vedere.

Infatti era sempre lì come per caso, quasi fosse arrivato proprio in quel momento.

Ermelinda si era talmente abituata a lui che già scendendo dal tram lo cercava con gli occhi e se un giorno non fosse stato al suo posto le sarebbe venuto a mancare qualcosa di importante; ma non era accaduto una sola volta, Rahimi era sempre lì, perfettamente vestito, pettinato, rasato, profumato e tutto il resto, inappuntabile nella sua eleganza tutta orientale. Camminavano l'una accanto all'altro come vecchi amici, con la stessa familiarità, la fiducia che nasceva dalla frequenza quotidiana, ma soprattutto da un certo modo di fare di Ermelinda che era sempre riuscita a stabilire un rapporto fraterno con i suoi colleghi di studio, un modo per scoraggiare ogni tentativo di corteggiamento, un approccio un po' romantico. Rahimi aveva dovuto accettare questo tipo di relazione, riservandosi in un prossimo futuro di mutarlo in qualcosa di più.

Era ugualmente bello vederla ogni giorno, averla tutta per sé – non lasciava avvicinare nessuno dall'inizio alla fine delle lezioni e poi usciva sempre insieme a lei, cosicché tutti erano convinti si trattasse di due persiani o di due italiani, non era chiaro, data la strana rassomiglianza e la lingua straniera nella quale usavano intrattenersi. – Le raccontava senza posa della sua vita in Persia, della sua infanzia e dell'adolescenza, della nostalgia per la sua famiglia, dato che già da dieci anni era in giro per l'Europa; delle tante sorelle, tutte più giovani di lui, almeno tre già sposate, e così via. Ermelinda ormai aveva l'impressione di conoscere quella gente e se lui parlava di altro, gli chiedeva notizie della madre o della sorella che da poco aveva avuto un bambino e dell'altra che era in procinto di sposarsi; di se stessa raccontava assai poco, rispondeva solo alle sue domande, sempre discrete – Rahimi era un uomo assai rispettoso dell'intimità altrui. – Ma lei era molto parca di particolari, giusto i dati più essenziali, quasi temesse di annoiarlo considerando forse la propria famiglia poco interessante per un uomo di mondo come lui.

Quel giorno il giovane notò un cambiamento, gli occhi di Ermelinda erano più scuri del solito, più profondi.

«Sei triste. È successo qualcosa? Qualcuno ti ha offeso? Tu sai che puoi contare su di me, sempre, a qualsiasi ora del giorno e della notte.» Ermelinda lo guardò un momento prima di rispondere; forse per la prima volta sentì l'affetto, il calore umano e quella sorta di solidarietà tutta meridionale che li univa. Gli toccò il braccio e se avesse seguito il proprio impulso lo avrebbe abbracciato, avrebbe appoggiato la testa sulla sua spalla, soltanto per trasmettergli la sua gratitudine.

«Ho dormito male, ho fatto un brutto sogno. Non chiedermi di raccontarlo perché l'ho già dimenticato, ma sento che è ancora dentro di me e mi disturba. Mi sento come avvelenata. È strano come un sogno possa far star male anche dopo, da svegli, anche quando lo si è dimenticato; conosci questo malessere, questa specie di larva maligna che prende possesso di te e non ti lascia un momento pur non manifestandosi apertamente? Puoi capirmi? Cosa pensi tu dei sogni?»

«Io non sogno mai e se sogno di solito si tratta di... di... scene erotiche che non posso raccontare a nessuno. Scusami, non pensare che io non voglia prenderti sul serio, ma io sono dell'opinione che i sogni siano uno specchio dei nostri desideri più reconditi, più intimi e che si rivelano per farci sapere a che punto siamo, cioè che cosa vogliamo, cosa non ci permettiamo di esprimere chiaramente. Penso che i sogni siano la parte più sana della nostra psiche, anche se a volte, servendosi di simboli, per la maggior parte di noi indecifrabili, viene camuffato il vero messaggio che vuol farci pervenire, fino a fuorviare ogni possibile interpretazione razionale.» Si fermò un momento e la guardò non sapendo se era il caso di proseguire. Ermelinda lo ascoltava assorta, gli occhi abbassati, quasi cercasse qualcosa per terra. Ma era soltanto concentrata e curiosa di conoscere la sua opinione; aveva letto qualcosa sull'interpretazione dei sogni senza darvi troppa importanza, non ancora disposta ad approfondire ciò che forse avrebbe potuto inquietarla. Questa era l'occasione migliore per accostarsi a un tema che da sempre l'aveva interessata, anche se temeva certe rivelazioni di carattere troppo personale.

Incoraggiato dal suo silenzio e da una inespressa partecipazione, che pur sentiva, il giovane proseguì.

«Dipende dalla nostra capacità di leggere in noi stessi, ma anche di accettare senza equivoci la natura istintuale, latente in ognuno di noi, che appunto proprio nei sogni si manifesta senza veli inibitori. Inoltre non credo che ci siano sogni brutti o belli. È un giudizio del tutto personale, prodotto dalla nostra razionalità a sua volta frutto dell'educazione che abbiamo ricevuto. Chi ci ha insegnato a stabilire cosa è bene e cosa è male? Ci hai mai pensato? Il bene e il male non sono altro che un riflesso degli usi e costumi della gente cui apparteniamo, ma anche del periodo storico nel quale viviamo: da qui nascono le tante differenze, ma anche la nostra capacità o incapacità di interpretare, capire la vasta simbologia che si nasconde nel nostro mondo interiore e che si manifesta appunto attraverso i sogni. La nostra cosiddetta libertà di giudizio si basa su tutta una serie di presupposti che in ultima analisi danno anche un significato o una spiegazione ai simboli piuttosto che un altro. Benché penso che ci siano simboli così universali che credo sia impossibile interpretarli in modo diverso. Ma anche su questo si potrebbe discutere all'infinito. Mi affascina soprattutto, come ogni qualifica, ma anche come ogni giudizio ha uno sfondo a carattere morale che si differenzia da persona a persona.»

Non aveva mai parlato così intensamente con lei e forse con nessun altro, toccando argomenti così personali: doveva essere un tema che lo occupava già da tempo.

Non c'è niente di più intimo di un sogno, niente di più solitario, di incomunicabile, impossibile da condividere con un'altra persona.

Ermelinda sentì per la prima volta la potenza, l'universalità del mondo dei sogni e con esso il grande mistero racchiuso nella psiche di ogni essere umano:

«Non credi invece che i sogni abbiano a che fare con le nostre paure, cioè che siano solo espressione delle nostre paure? Di paure del tutto irrazionali, inesprimibili a parole... i sogni hanno un proprio linguaggio, muto e tanto più ambiguo, inafferrabile. Conosci queste paure, tu? Le paure senza nome, nate il più delle volte da qualcosa di per sé insignificante. Tu dici che in ogni sogno si nasconde un desiderio profondo, autentico... No, no, io non la penso così, non posso pensare così: secondo me i sogni evocano paure nascoste, terrificanti; forse anche ricordi che si vorrebbe cancellare, dimenticare. I sogni portano alla superficie i mostri che vivono in noi, nella nostra fantasia.»

I sogni non si raccontano: chi le aveva detto questo?

La nonna.

È come denudarsi del tutto, togliersi anche la pelle, la carne, aveva detto, come quando si muore. Il sogno è un mistero nascosto nel cervello e il cervello è come una cassaforte che contiene di tutto, bene e male; che non deve essere aperta se non si ha la formula giusta. La sua genesi però è più giù, nel buio del corpo, negli organi che non si fermano mai, come una fabbrica i cui motori lavorano giorno e notte. Il cervello raccoglie il frutto di questo lavoro e produce il sogno, questo fiore crepuscolare ed evanescente, senza odore, grigio e caduco. La luce del giorno mette in fuga i fantasmi della notte e uccide i sogni, aveva detto la nonna: „il destino dei sogni è la morte."

I morti non sognano perché vivono nel sogno stesso. Il regno dei morti è il sogno.

Non bisogna raccontare i propri sogni, sarebbe come evocare i morti, dissacrare, violare il luogo dove vivono.

La nonna e la sua visione del mondo. La magia del sogno interpretato sempre come un presagio di morte. Ma anche come un messaggio dei morti.

Quel pomeriggio andò alla Heldenplatz. Tirava vento, un vento gelido, quasi polare. C'era già odore di neve, si sentiva nell'aria, per lo meno lo sentivano nell'aria le persone abituate a quel clima. In Sicilia l'inverno era sempre mite, come l'autunno qui, con qualche gelata notturna che il primo sole scioglieva già di mattina, lasciando l'aria fresca, quasi frizzante.

Come faceva da qualche mese, aveva indossato il cappotto, benché servisse assai poco: il vento penetrava attraverso la stoffa di lana leggera, non certo adatta a quei climi e, oltrepassando i due pullover messi uno sopra l'altro, anche questi assai leggeri, arrivava per via diretta alle ossa. Un grosso scialle di lana che all'ultimo momento la nonna aveva infilato nella valigia, nonostante le sue proteste, le dava un certo senso di calore sul collo, sul viso, sulla testa.

Con tutto ciò non entrò in biblioteca. Si fermò a una certa distanza e guardò l'ampia scalinata dell'ingresso quasi si aspettasse di vedere il Dr. Springer scendere per cercarla. Restò solo qualche minuto, sconvolta, e non si chiese neanche perché, poi decisa si diresse verso la Metternichgasse, quasi correndo, un po' perché spinta dal vento, un po' per accorciare il cammino. Non volle aspettare il tram che qualche minuto dopo sopraggiunse; voleva correre, allontanarsi con i propri piedi da quel luogo, il più presto possibile.

Rahimi aveva detto che i sogni, servendosi di ermetismi spesso difficili da interpretare, hanno lo scopo di chiarire, di portare sul piano della coscienza i desideri più segreti, quelli che la ragione mai sarebbe in grado di esprimere, e il ricordo di quel membro maschile la trafisse con la violenza di una lama di coltello. No, no, via di lì, correre, portare il proprio corpo e possibilmente i propri pensieri altrove.

Arrivò col fiato grosso e solo lungo la scala buia, stretta, di legno consumato dai tanti passi di studenti e professori, cominciò a calmarsi. Era la scala di servizio di quel palazzo annesso da una decina di anni all'Accademia di musica. Arrivata al primo piano riprese fiato e si fermò qualche minuto davanti a una porta, che conosceva bene, prima di bussare, con discrezione. Lise aveva lezione di arte scenica, lezioni che si svolgevano nel silenzio più assoluto, lo sapeva. Il pomeriggio era riservato alle esercitazioni singole, con uno solo dei professori, il più gentile dei tre, il professor Hager, un uomo di mezza età, modesto, molto riservato, ma non per questo meno competente; era infatti amato dagli studenti per la sua pazienza e la fiducia che sapeva infondere anche ai meno dotati.

Le lezioni di preparazione alla scuola d'opera erano tenute da tre insegnanti sotto la direzione di un'attrice famosa, Christel Mardain, ora di una sessantina d'anni forse più, ancora bella ed elegante, una grande-dame d'altri tempi, che non riusciva stabilire un contatto un po' più ravvicinato con i suoi studenti. Sarà stato per il carisma che l'avvolgeva come un'aureola o per una certa inaccessibilità propria del suo carattere, sta di fatto che nessuno osava rivolgersi a lei direttamente con domande o spiegazioni. Lei stava al di sopra di tutti. Si mormorava del suo passato, come cantante e attrice. Subito dopo la fine della Grande Guerra aveva debuttato come giovanissima soubrette alla Volksoper di Vienna proseguendo poi, di scrittura in scrittura, in vari teatri della capitale, finché Max Reinhardt nel 1931 la chiamò a Berlino e a Vienna. Nello stesso tempo cominciò la sua attività come attrice cinematografica. Il professor Hager una volta aveva accennato a certe sue conoscenze altolocate durante il periodo nazista, ma si era bloccato subito. Nessuno sembrava voler sapere altro. I giovani non erano curiosi del passato politico della signora Mardain. A loro interessava solo il presente e niente altro. Così aveva lasciato cadere il discorso.

Insieme a lei oltre al professor Hager, regista di teatro, lavorava Charly il pianista. Il trio era al completo solo la mattina. Durante il pomeriggio veniva solo il professore, a volte anche Charly, per qualche lezione singola.

Lise le aveva raccontato come si svolgevano queste strane lezioni, in cui nessuno parlava e tanto meno cantava; il professore spiegava una scena, spesso una scena famosa di un'opera, e poteva essere un'aria o un duetto o un terzetto – Charly suonava praticamente a memoria tutta la musica di scena, sostituendo magistralmente orchestra e cantanti col solo pianoforte – subito dopo, uno dopo l'altro, a volte in due o tre, tutti gli allievi cercavano di improvvisare ma molto più spesso di seguire le indicazioni del regista, sotto l'occhio vigile e assai critico della signora Mardain. Di rado si sentiva la sua voce e semmai si rivolgeva solo al professor Hager, sussurrando i suoi commenti e le sue istruzioni. Gli studenti ricevevano consigli sempre di seconda mano. Se sorgevano problemi, le scene venivano ripetute il pomeriggio e spesso si trattava di passi, di movimenti delle mani, di espressioni del viso, di quello che veniva definito il linguaggio del corpo. Un lavoro appassionante, una ricerca della propria espressività che coinvolgeva tutti indistintamente, e che aveva affascinato anche Ermelinda: Lise le raccontava spesso dei vari esercizi o meglio delle scene recitate durante la mattina, ripetendo per lei gesti, passi, cadute, il modo di sedersi, di alzarsi, di camminare, di muoversi.

Ermelinda mai avrebbe saputo ripetere quelle scene, diceva di non essere nata per fare l'attrice, mentre Lise era convinta del contrario. Secondo lei in ognuno di noi si nasconde un attore; sono solo le inibizioni, le paure più o meno coscienti che impediscono di dare volto ai diversi sentimenti che ognuno porta in sé. Recitare non è altro che rendere visibile quanto si agita nell'intimo di ogni essere umano. Inoltre sosteneva che proprio una meridionale come lei, erede dei grandi tragici greci, avrebbe saputo meglio di qualsiasi svizzera recitare in modo convincente tutte le scene drammatiche che a lei riuscivano tanto difficili.

Entrando silenziosamente e in punta di piedi, Ermelinda notò Lise inginocchiata accanto a una sedia, che insieme a un tavolo piuttosto sbrecciato costituiva il solo requisito per quella scena.

La sala era divisa a metà, da una parte alcune file di sedie, dalla parte opposta una specie di palcoscenico, una pedana ampia, elevata soltanto un mezzo metro dal pavimento ma sufficiente per suggerire l'illusione di un teatro; un sipario rosso lo separava dal resto della stanza, sipario quasi sempre aperto, ma che all'occorrenza sarebbe potuto servire.

Il professore conosceva Ermelinda – era venuta altre volte per assistere alle lezioni – e una volta aveva manifestato il desiderio di lavorare con lei; disse che il suo viso espressivo, l'intensità dei suoi occhi, la fragilità del suo piccolo corpo, tutto faceva pensare a una figura tragica, a un'Ifigenia appunto, o ad Alceste.

La ragazza si sedette accanto alla porta, per non disturbare, intanto che Lise continuava la sua scena. Questa cercava di superare il proprio stato di prostrazione, alzava la testa guardandosi intorno in cerca di qualcosa o di qualcuno, mentre il professore, a voce bassa, le suggeriva ogni singolo movimento, ogni cambiamento di espressione. Infine le disse di alzarsi stancamente e di sedersi di nuovo. Non fu facile. Troppo veloce, troppo vitale, troppo positiva; ancora una volta, e ancora una volta, finché non riuscì a trasmettere un senso di profonda stanchezza. Allora riprese la scena dall'inizio: Lise entrò con passo svelto, una lettera in mano – chiaramente veniva da fuori e aveva trovato la lettera nella cassetta della posta – e ancora camminando si affrettava ad aprirla. Ancora in piedi accanto al tavolo, lesse, prima frettolosamente, poi sempre più lentamente, incredula, sconvolta. Cadde di peso sulla sedia cercando col viso di esprimere prima sorpresa poi delusione infine disperazione. Non le riuscì. Dovette ripetere certi passaggi fino alla sequenza in cui si sedeva abbandonandosi sul tavolo, un braccio sotto la testa, l'altro lungo il fianco. Il professore trovò che era meglio così piuttosto che inginocchiarsi per terra.

Lise era rigida, sempre lei, dall'inizio alla fine, sempre Lise, elegante, mondana, in qualche modo al di sopra della scena stessa. Ermelinda seguiva ogni movimento, ogni gesto con grande attenzione e come sempre sentiva che l'amica non partecipava con tutta se stessa, non si immedesimava, in una parola, che 'recitava' senza molta convinzione seguendo soltanto le indicazioni del professore. E come ogni volta, si chiese che cosa impedisse alla ragazza di entrare nella parte, di fare una grande scena di disperazione, di buttarsi sulla sedia o per terra, di strapparsi i capelli o torcersi le mani, infine, di uscire da se stessa. Lise non 'sentiva' quello che faceva, i suoi gesti erano vuoti, gli occhi azzurri continuavano a mantenere le distanze, certe distanze che aveva imparato a stabilire fra sé e il mondo, e i lineamenti del viso erano come pietrificati in un'espressione di nobiltà, in cui difficilmente lasciava trasparire una vera emozione. Ermelinda era ogni volta affascinata da questa totale identificazione con una maschera che le era forse congenita; una coerenza che andava al di sopra di ogni aspirazione artistica o professionale; e man mano cominciava a convincersi che per fare l'attrice bisognerebbe aver fatto esperienze diverse, vissuto forse in un altro milieu, aver sofferto privazioni di vario genere, lottato per raggiungere certi traguardi. In una parola, un'altra educazione, altri modelli cui indirizzarsi, un'altra visione della vita.

Tutta teoria, dato che non sapeva lei stessa a quali esperienze riferirsi, che tipo di privazioni o lotte sostenere. In fondo non conosceva niente al di fuori della propria piccola vita.

Prima di andare al Konzerthaus passarono dal Dr. Barry a prendere un panino, un locale dove si incontravano studenti dell'Accademia. Lise era scontenta del pomeriggio, diceva che il professore non sapeva spiegarle quello che avrebbe dovuto fare, che tutto quell'esercitarsi senza parole e senza canto non aveva senso. Un attore, e soprattutto un cantante, ha bisogno di un filo di sostegno, meglio ancora di un filo conduttore e trovò subito conferma presso un collega, venuto per mangiare un panino, anche lui frustrato dagli stessi esercizi. Ermelinda non poté seguire il resto della conversazione, condotta in tedesco, alla quale dopo pochi minuti si erano uniti altri studenti dello stesso gruppo. Parlavano tutti insieme, con entusiasmo, una foga che aveva riscontrato soltanto durante i piccoli incontri politici cui aveva partecipato, sporadicamente, nei suoi anni universitari.

I cantanti fanno parte di un altro pianeta, questo cominciava a sperimentarlo, e sono pronti ad infiammarsi per ogni nonnulla, soprattutto quando ne vanno di mezzo i loro convincimenti artistici; ognuno cerca di soverchiare l'altro, di mettersi in primo piano, non importa se a torto o a ragione, pur di essere al centro dell'attenzione generale. Questo le sembrò essere il mestiere del cantante.

Ermelinda non aveva una sua opinione, pensò solo che per recitare una scena come quella non sarebbero state necessarie parole, che anzi sarebbero state di troppo. Ma tenne la bocca chiusa, in tedesco non se la sentiva ancora di sostenere una qualsiasi discussione e meno che mai con un gruppo di cantanti. Il suo tedesco era sufficiente per le piccole necessità quotidiane e non di più.

Lise l'aveva preparata al concerto di quella sera, le aveva riempito la testa di spiegazioni sia storiche che estetiche. Il suo primo Brahms, e proprio il 'Deutsches Requiem' con un direttore di gran nome e ottimi solisti. Ora attendevano che iniziasse il concerto, in piedi; – loro andavano sempre lì perché incontravano altri studenti dell'Accademia e soprattutto i veri appassionati di musica. Per Ermelinda anche questa una nuova esperienza. Con la borsa di studio, con la quale riusciva appena a sopravvivere, non avrebbe potuto permettersi di andare tre o quattro volte alla settimana a teatro, e Lise, che in realtà avrebbe potuto pagare anche i posti più cari, non disdegnava di unirsi a lei e ai suoi colleghi perché, diceva, era più esaltante, più autentico.

In realtà il coro era il vero protagonista del concerto, e si trattava di un magnifico coro che fugò in Ermelinda la fobia contro ogni forma di canto collettivo. Non aveva mai sentito niente di simile. Fu come immergersi in un mare di suoni, esserne avvolta, trascinata altrove da cento voci umane in un canto struggente, desolato. Lise aveva parlato di un compositore post-romantico ma lei, che non conosceva neanche la musica romantica, fu subito presa in una rete di pensieri che si esprimevano in passaggi melodici di effetto stupendo. Una ragnatela di suoni nella quale si impigliò, si smarrì, rimanendone prigioniera. Il suo incontro con Brahms fu un innamoramento per la vita, una ricerca dell'altro, del pensiero dell'altro, dell'interiorità dell'altro su un piano profondo.

Quel Requiem si impresse nella sua memoria, più di ogni altra composizione ascoltata in quei mesi di soggiorno viennese. In seguito non poté ascoltare quella musica senza un turbamento quasi viscerale; le sembrò di capire il senso di lutto di tutto un popolo, la desolazione di una condanna eterna che lei non conosceva, che non rientrava nella sua esperienza religiosa. Il tutto espresso soltanto con suoni.

Lise conosceva molto bene quella composizione avendola eseguita a Losanna, quando ancora faceva parte del coro universitario, con due solisti assai mediocri e un direttore che era meglio non parlarne. L'orchestra era formata da studenti del Conservatorio e tutta l'esecuzione era stata un salto nel buio.

Quella sera rientrò tardi, perché dopo il concerto Lise aveva voluto fare quattro chiacchiere con alcuni colleghi e benché fosse ancora piena della musica ascoltata, delle impressioni che però non riusciva a comunicare, si sedette insieme a loro in un Kaffeehaus, sentendosi più che mai solo un'appendice di Lise. Lei era l'amica muta, modesta, sempre un po' assente: una stonatura accanto all'elegante svizzera, chiaramente appartenente a una classe sociale molto più elevata della sua.

Entrò nella sua stanza, dopo aver attraversato il bagno buio. Dalle finestre penetrava la luce sbiadita dei lampioni, sufficiente per trovare l'interruttore della luce. Spesso non accendeva nemmeno, tanto per spogliarsi e andare a letto bastava quello che veniva dalla strada. Vide subito sul tavolo un biglietto: la Frau Baronin aveva l'abitudine di lasciarle qualche messaggio, una specie di richiamo all'ordine, come per esempio comunicazioni del tipo „stanza in disordine" oppure „pulire bagno" e altra roba del genere.

Ermelinda prese il biglietto e riconobbe la calligrafia svolazzante della padrona di casa: „*Dr Springer Nationalbibliothek à téléphoné à 16 heures 15*“.

Luci e ombre

Anche quella notte dormì male e si svegliò, come la notte precedente, di soprassalto, con un grido strozzato in gola: "Mamma, perché hai lasciato la porta aperta?" Era nella sua vecchia casa, la sua casa di sempre e andava in cucina per prendere non sapeva più cosa. La porta d'ingresso era spalancata sul buio delle scale, qualcuno scappava a precipizio. Perché era convinta che fosse stata la madre a lasciare la porta aperta e non per esempio la nonna o un altro componente della famiglia? Se lo chiese subito, angosciosamente, senza trovare una risposta. Si ripromise di parlarne con Rahimi, e questo pensiero la calmò.

«Una porta aperta significa un'apertura attraverso la quale si può passare liberamente: se è chiusa bisogna prima scassinarla, usare violenza, mentre quando è aperta è… è… quasi un invito a penetrare. Al mio paese l'interpretazione di un sogno simile sarebbe assai facile, ma non voglio spiegarlo proprio a te. Potresti offenderti. Mi chiedo però perché tu abbia fatto un sogno simile, anzi ho l'impressione che tu abbia una vita notturna piuttosto movimentata: cosa ti sta succedendo? No, no, non rispondere, sono stato veramente indiscreto e ti chiedo perdono.»

Ermelinda era impallidita benché avesse capito assai poco di tutto il discorso di Rahimi. Una porta aperta nel buio, qualcuno che fuggiva, niente di più innocente o di più banale di un furto. Questo era stato il suo primo pensiero. Lui invece vedeva doppi sensi dappertutto, il tipico uomo del sud. Conosceva questo tipo di uomini. Come si era ingannata. Aveva creduto di aver a che fare con una persona civile, colta, sensibile, diversa da tutti gli altri e invece usava della sua cultura per... oh, era peggio di tutti i siciliani di sua conoscenza, quelli almeno non sfoggiavano quest'aria raffinata, i loro occhi erano sempre carichi di doppi sensi: gli occhi dei siciliani non erano forse un'eredità orientale? E lui era un arabo.

Un sospetto però, la vaga percezione di qualcosa di innominabile, forse osceno, la fece rabbrividire.

«Non ti racconterò mai più un sogno. È proprio vero che non bisogna raccontare i propri sogni a nessuno. Io però ti credevo diverso. Hai una fantasia un po' troppo orientale per i miei gusti. Ma forse ti prendi gioco di me, non mi prendi sul serio, avrei dovuto saperlo. Pensavo tu mi fossi amico.»

Rahimi si accorse di essere andato troppo avanti, di aver perso la partita prima ancora di giocarla, di aver puntato troppo alto. In realtà il sogno di Ermelinda lo aveva sorpreso e messo in stato di allarme. C'era un uomo di mezzo. La ragazza era cambiata, sembrava preda di un incantamento. Era inquieta, nervosa, una nuova vulnerabilità come di bestiolina inseguita da un cacciatore. E lui, con la sensibilità che gli era propria, ma soprattutto per quella sorta di fiuto tipico della sua gente oltre che per un'intuizione che gli veniva dalla sua conoscenza della vita sessuale, aveva avvertito in lei un risveglio a livello istintuale, risveglio del quale la ragazza non era consapevole, almeno su un piano razionale, altrimenti non avrebbe raccontato proprio a lui quel sogno.

Fin dal primo momento era stato catturato da quel miscuglio di ingenuità, ignoranza di sé e del mondo e soprattutto dalla totale inesperienza in fatto di uomini; era trasparente come cristallo ma come nel cristallo la chiarezza viene facilmente offuscata da ombre provocate dalla stessa luce, così in lei lo affascinavano anche i lati oscuri, le zone d'ombra che avrebbe voluto scoprire. Aveva capito che il suo cameratismo era solo un'arma di difesa anche contro la propria sessualità nascente, pur non riuscendo a sopprimere i caratteri fondamentali della sua personalità: una passionalità ben nascosta, latente, che trapariva dagli occhi estremamente espressivi, che dicevano più di quanto avrebbero mai detto le sue labbra, e un calore quasi animale che emanava da quel piccolo corpo. Una sensualità che cominciava a manifestarsi. E ora quel sogno rivelatore, quel richiamo. Ermelinda apriva la sua porta per invitare un altro, uno sconosciuto, ad entrare. Era sul punto di svegliarsi. Questo pensiero lo sconvolse. Un sogno più chiaro di una qualsiasi confessione.

Era innamorata. Ma di un altro.

Non riuscì a seguire la lezione di tedesco e in lui restò sempre un buco grammaticale: la declinazione dei casi nei sostantivi e negli aggettivi. E lui che parlava un inglese quasi fosse la sua madrelingua; un italiano correttissimo, usando anche le forme verbali più complesse, le costruzioni sintattiche più appropriate con una pronuncia inappuntabile, senza nessun accento che denunciasse in qualche modo la sua provenienza, ora con la lingua tedesca entrò in conflitto. Purtroppo il professore continuò per tutto il resto della settimana con la declinazione dei casi e proprio in quel periodo Rahimi era fuori di testa.

Quel giorno, per la prima volta da quando la conosceva, la invitò a casa sua; disse di abitare a Grinzing, di avere un piccolo appartamento tutto da solo, una casetta d'altri tempi in una stradina piene di casette caratteristiche, circondate da giardini; cercò di convincerla, descrivendo il quartiere, famoso in tutto il mondo per i suoi locali dove si beveva un vino speciale, il cosiddetto Heurige, cioè un vino novello. Ermelinda quasi non lo ascoltava, lei era del tutto astemia e non aveva mai sentito parlare di Grinzing. Poi aggiunse che avrebbe preparato solo specialità persiane, che se lei lo desiderava avrebbe invitato un amico italiano (del quale non aveva mai parlato), che l'avrebbe riaccompagnata a casa, quando avesse voluto.

Anche quel pomeriggio Ermelinda si diresse verso la Heldenplatz. Ora era più angosciata del giorno precedente, ma aveva deciso di restituire il libro e basta. Non voleva pensare oltre.

Lungo il cammino si trovò di colpo di fronte a una chiesa. Da quando era a Vienna non era più entrata in una chiesa, cosa che non le capitava mai quando viveva a casa: ogni domenica lei, insieme a tutta la famiglia, fin da bambina era andata a messa, un'abitudine così radicata come il bagno il sabato sera o la preghiera prima di addormentarsi.

Si trattava di una chiesa, San Michael (ma lei non si curò di conoscerne il nome) di origini antichissime, risalente almeno alla prima metà del XIII secolo, ricostruita dopo una serie di incendi, più il terribile terremoto del 1590 e passata nel XVII secolo ai Padri Barnabiti. Una grande chiesa in cui si mescolano vari stili: romanico, gotico e barocco. Ermelinda non entrò come una turista, a lei non interessava né lo stile della chiesa è tanto meno la sua storia. Era angosciata e cercava un luogo in cui trovare quella pace che sempre aveva trovato nella preghiera, nella meditazione davanti ad un altare.

Un'immagine della Madonna col Bambino attirò la sua attenzione: si trattava di un'icona di origine italo-bizantina presumibilmente della metà del XVI secolo, la famosa 'Maria Candia'. Durante una delle tante guerre combattute dagli austriaci contro i turchi a Creta, mentre questi ultimi tenevano sotto assedio Candia, l'immagine della Madonna, allora nella chiesa di San Nicola, cadde dall'altare: fu subito interpretato come un segno premonitore. Infatti subito dopo si scoprì che i turchi avevano posto delle mine proprio sotto la chiesa. Fu appunto l'avvertimento della Madonna a sventare l'attentato, così si disse. Alla fine della guerra un ufficiale austriaco prese con sé l'icona e ne fece dono, nel 1672, alla chiesa di San Michael: neanche a dirlo, cinque anni dopo la stessa immagine, non si sa bene come, salvò il curato dalla peste che mieteva vittime nella città. Senza contare un numero impressionante di miracoli che le venivano attribuiti.

Una Madonna dai lineamenti molto schematici, come tutte le icone, scura, statica. Un Bambino dal viso serio, adulto, un rotolo di carta in mano. Un quadro triste, presago di future sventure. Ermelinda si inginocchiò e fissò l'immagine: le Madonne della sua infanzia avevano un viso dolce, umano; il Bambino un vero bambino. Non le riuscì di pregare, formulare con parole l'angoscia che la bloccava.

Restò assorta a lungo, inginocchiata, la testa china sulle mani. Un vuoto, un silenzio che si allargava sempre più in lei. Dopo qualche tempo riuscì a raccogliere i pensieri e si chiese finalmente il perché di quel turbamento.

Che cosa aveva cambiato la sua vita? Niente.

Un sogno sconcertante nella sua crudezza, un altro soltanto banale, nonostante Rahimi vi avesse attribuito chissà quale significato: ecco l'origine della sua inquietudine.

Solo due sogni, nient'altro che due sogni venuti da chissà dove, non certo frutto di desideri o fantasie. No, quei sogni non avevano niente a che fare con lei. Inutile chiedersi perché nel sonno la sua mente si fosse sbizzarrita a inventarsi oscenità e orrori da incubo. La psicologia non la interessava e le interpretazioni di Rahimi erano solo fantasie orientali.

Sentì come la tensione che da due giorni la teneva stretta in una morsa si allentava, fino a cadere del tutto.

Ma alla tensione seguì una improvvisa debolezza, quasi nel suo stomaco si fosse aperta una voragine: da due giorni non era riuscita a mandar giù niente, la gola chiusa, una nausea vaga e persistente.

La chiesa solitaria, se si eccettua qualche vecchietta che snocciolava il suo rosario davanti a una cappella, era appena illuminata da pochi ceri votivi. Quel buio e il silenzio fecero il resto. Quasi rattrappita dal freddo, si alzò sentendo male alle ginocchia e in tutto il corpo. Era tardi, voleva fare un salto in biblioteca, lasciare il libro in portineria con due parole di scusa e tornare a casa. Aveva molto da studiare; anche per lei i casi, le preposizioni e tutto quel garbuglio di regole grammaticali avrebbero significato ore e ore di studio.

La biblioteca era già chiusa, si era attardata troppo in chiesa. Ridiscese le scale di corsa pensando di tornare il giorno dopo.

Qualcuno le venne incontro, le si parò davanti.

Il Dr Springer, uscito dalla porta di dietro, si stava avviando verso la fermata del tram.

«Ma che caso! Oggi mi aspettavo di vederla in biblioteca. Ieri le ho anche telefonato, le è stato riferito? Se non ha niente in contrario, potremmo andare a prendere un caffè insieme.»

La seconda volta presa in contropiede; due incontri, due salti nel buio.

Camminandogli accanto Ermelinda riconobbe quella stessa sensazione di estrema leggerezza, quasi di gravitazione, quel librarsi dal suolo, senza corpo, senza peso, provata due giorni prima. Stranamente, subito dopo aveva dimenticato tutto. Le era rimasto solo un ricordo confuso e una grande inquietudine, qualcosa che passava dall'angoscia a una immotivata euforia. Ora, ritrovando quella sensazione dimenticata, si sentì mancare. Fuggire, ecco cosa le suggeriva il suo istinto, ma non poteva: un senso di impotenza, di paura paralizzava le sue gambe. In balia di qualcosa più forte di lei, sentì di essere stata catturata, preda e prigioniera, impigliata fra le maglie di una rete inestricabile.

C'era anche il problema della enorme diversità di statura, lei così minuscola, fragile, lui grande, imponente; era costretta a fare due o tre passi se voleva mantenere il ritmo stabilito dalle gambe dell'uomo. Il Dr. Springer si accorse quasi subito di questa discordanza e rallentò il passo. Ora bastavano due passi per raggiungere un certo equilibrio. Ma era così impacciata che non riusciva a mantenere il ritmo più o meno imposto da lui e così a un passo troppo lungo ne succedeva uno troppo breve, cosa che la costringeva a saltellare, a corrergli dietro come una bambina di pochi anni quando cammina in compagnia di un adulto. Rossa di vergogna – mai si era accorta di essere tanto piccola, di avere gambe tanto corte, di essere goffa nonostante quello strano senso di leggerezza – ebbe la sensazione di galleggiare come in sogno. Solo che era sveglia e accanto a lei si muoveva un uomo in carne ed ossa, non un fantasma.

Eppure non era la prima volta che camminava accanto a un uomo. In un lampo tornarono i molti compagni di scuola e poi di università, tutti più o meno della sua stessa statura; anche Rahimi la superava solo di una decina di centimetri. Il Dr. Springer andava oltre il metro e novanta, un vero dio nordico. Un vichingo.

Ma forse non era solo una questione di statura.

Per fortuna si trattò di un breve tratto di strada, infatti il dio vichingo infilò con decisione la porta di un locale e la ragazza lo seguì. La stima di sé ridotta a uno straccio.

Si trattava di un vecchio Kaffeehaus pieno di specchi, lampadari di cristallo, poltrone, divani, sedie imbottite, ricoperte di velluto rosso chissà quanto polveroso, tavolini rotondi di ferro battuto con piano di marmo, un luogo dove sicuramente usavano incontrarsi i viennesi fin-de siécle e da allora mai più rimesso a nuovo.

Il Dr. Springer sembrava conoscere bene il locale perché si diresse verso una saletta laterale, solo due tavolini e nessun ospite. Si voltò per vedere se lo seguiva. Aveva sentito l'imbarazzo della ragazza, il suo timore, pur non riuscendo a indovinarne il motivo.

La sua alta statura, il suo grande corpo del quale era sempre stato fiero ora gli erano di impaccio. Per un secondo aveva desiderato ridursi. Per la prima volta nella vita avrebbe voluto avere proporzioni più normali per adeguarsi a lei, a quella figurina graziosa, palpitante che aveva sentito affannarsi accanto a sé.

Col suo solito modo cerimonioso, anzi galante, l'aiutò a sfilarsi il cappotto, scostò una poltroncina invitandola a sedersi e infine si tolse l'impermeabile. Non avevano detto una sola parola. Per fortuna si accostò un cameriere in smoking, lustro per l'uso, la camicia una volta bianca e un cravattino nero a farfalla, andato un po' di traverso. Sul braccio un tovagliolo non proprio fresco di bucato e l'accenno di un inchino, senza una parola: il Dr Springer senza neanche rivolgersi a lei ordinò due Melange.

«Il Melange è una specie di Cappuccino, mi sono permesso di ordinarlo anche per lei, spero che non abbia niente in contrario. E ora mi dica: ha cominciato a leggere il libro che le ho dato? È riuscita a superare l'avversione che le ha procurato il titolo così contrario ai suoi principi patriottici? Io credo che in tutto il romanzo non venga mai nominata la parola Italia, posso tranquillizzarla! Ha portato il libro?» Ermelinda, pur sentendo il suono della sua voce non riusciva ad afferrare il senso delle parole, benché parlasse in italiano; il cervello bloccato, la gola secca e in qualche parte del suo corpo una strana palpitazione, una vibrazione del tutto sconosciuta. Meccanicamente aprì la borsa e tirò fuori il libro e i suoi appunti. Li appoggiò sul tavolo, come una scolara.

Lui sorrise.

Si era seduto di fronte a lei, ma ancora non aveva potuto guardare nei suoi occhi, ostinatamente abbassati. Con tutto ciò sentì come un fluido, un'energia che sprigionava da quella fragile personcina, un calore che lo avvolgeva come un caldo lenzuolo. Una sorta di euforia, un'esplosione di gioia incontenibile si impossessò di lui. Non capiva cosa gli stesse succedendo, ma vederla finalmente, sapere di poterla sfiorare almeno con una mano, sentire l'odore del suo corpo – gli sarebbe bastato piegarsi un po' verso di lei – contare i riccioli che incorniciavano quel visetto gentile, tutto questo lo mandava in estasi. Ora voleva sentire la sua voce, quel modo cantilenante di pronunciare le parole, quel suo strano accento un po' levantino, aperto, sensuale. E la voce stessa, un po' rauca, bassa, forse per timidezza o forse per natura, non avrebbe saputo dirlo, una voce che gli provocava un tuffo, uno sconvolgimento in tutto il corpo.

Arrivò il cameriere con i due Melange.

«Ah, ma ha lavorato molto! Possibile... tante frasi non ha capito? Il vecchio professor Müller mi ha detto che lei è una delle sue migliori allieve.» Finalmente Ermelinda alzò gli occhi e lo fissò un momento ma distolse subito lo sguardo: in quell'attimo capì che soffermarsi più di un secondo su quegli occhi avrebbe significato perdersi, sciogliersi in lui.

«Il professor Müller è sempre stato molto gentile con me e credeva che io sapessi di più di quanto in realtà sappia.» La voce non voleva uscire. Bevve un sorso di Melange e lo trovò amarissimo. Si accorse di non aver ancora messo lo zucchero, lui notò l'espressione del suo viso e premuroso le porse subito la zuccheriera.

«Allora, cominciamo. Non mi ha detto se le piace, se intende continuare. In caso contrario potrei cercare qualcosa di più leggero.»

«Mi sembra il classico romanzo di un uomo scritto solo per uomini... credo si svolga tutto in caserma o... giù di lì; inoltre manca una figura femminile, la cosiddetta eroina e... tutto il resto, almeno fino a questo momento.»

«Certamente arriva anche qui la figura femminile, non può mancare neanche in un romanzo per uomini, come lo definisce lei: la signora Slama. Ma ci vorranno ancora almeno una trentina di pagine, benché non credo sia il tipo di donna che possa piacerle. La signora Slama non ha niente di romantico, niente dell'eroina, come dice lei, della grande letteratura, una donna del tutto normale, come se ne incontrano a ogni angolo di strada. Mi piacerebbe definirla una donna vera, forse come ogni uomo vorrebbe che fossero le donne; ma non so se lei, alla sua età, possa capire queste sottigliezze.» Si interruppe un momento fissandola intensamente, forse per cercare di indovinare i suoi pensieri. Niente. Ermelinda si era chiusa in un bozzolo... quella frase „una donna vera, come ogni uomo vorrebbe..." che intendeva per 'donna vera'? Bevve un sorso di Melange, anche il Dr. Springer sollevò la sua tazza e la guardò prima di proseguire.

«È vero, è una storia di uomini fra uomini, vorrei aggiungere di uomini di quel tempo, molta vita di caserma, una famiglia un po' stereotipata composta solo da padre e figlio che vive sotto il peso dell'eredità lasciata da un eroe, quel Trotta che salvò l'imperatore da morte sicura. Ma questo lo ha già letto. In quella famiglia, come del resto nella maggior parte delle famiglie dell'epoca, essere soldato era considerato un punto di onore; l'Impero Austro-Ungarico si reggeva su una forte militarizzazione della sua gente; vorrei però sottolineare che il militarismo austriaco era di stampo assai diverso da quello prussiano. Del resto ogni regime autoritario ha bisogno di un forte esercito, di un gran numero di soldati, allora come adesso.

Qui ora non vede un soldato neanche a cercarlo col lanternino, così pure in Germania ma credo che nel resto dell'Europa sia lo stesso: l'ultima guerra è stata una lezione per tutti, non soltanto per i paesi perdenti.

Ai tempi di Roth, cioè prima della Grande guerra, un uomo poteva far carriera in qualche ministero oppure nell'esercito e i più sceglievano appunto quest'ultima alternativa perché più facile da raggiungere.

La divisa inoltre dava prestigio.

Dovunque, qui a Vienna e in tutte le città dell'Impero, per strada, a teatro, nei salotti, nei Caffè si incontrava un gran numero di militari e ognuno portava una divisa diversa a seconda del corpo cui apparteneva: tanti bei colori, con molto oro. Le donne andavano pazze per le divise. Un uomo senza divisa aveva poche chances con le donne...»

Parlava, parlava, lasciandosi trascinare dal flusso delle parole, dal suono della propria voce e da una sorta di esaltazione che sembrava mettergli le ali ai piedi.

Più tardi non si sarebbe nemmeno ricordato di cosa aveva parlato con tanto entusiasmo.

Ermelinda lo ascoltava e si cullava in quella voce calda di uomo fatto, con quel suo italiano dall'accento viennese, una voce che l'accarezzava in tutto il corpo insinuandosi in ogni piccola cellula, tenera e avvolgente. Non conosceva la magia della voce umana, la sua forza seduttrice. Inconsciamente si allentavano nodi di inibizioni frutto di anni di divieti non detti, ma praticati.

La nonna aveva condotto una vita, a quanto pareva, asessuata. Lei stessa impreparata, più o meno ignara di tutto, considerava la sessualità come qualcosa di proibito, di impuro anzi, di peccaminoso se non portava alla maternità. Si era sposata assai presto con un bravo ragazzo, figlio di un artigiano, timido e alquanto maldestro in fatto di sesso. Rimasta vedova ancora giovane, se non avesse avuto una figlia nessuno avrebbe pensato che avesse avuto rapporti con un uomo, tanto era ingenua e sprovveduta. Ecco perché al momento opportuno non era stata in grado di darle una qualsiasi spiegazione di carattere sessuale – cosa che del resto aveva evitato di fare anche la madre – ambedue convinte che la 'vita' le avrebbe chiarito, prima o poi, ogni cosa.

Non conosceva quel rimescolio del sangue che ora la confondeva; l'improvvisa debolezza delle membra e soprattutto il desiderio folle di sedersi sulle sue ginocchia, abbandonarsi, affidarsi a lui, a quella voce, a quegli occhi che la sfioravano possedendola. Le parole non avevano nessuna importanza, solo la voce, la carezza di quella voce scioglieva ogni resistenza.

Intanto lui continuava a parlare, cercando di dare un senso alle parole e meravigliandosi lui stesso della sua capacità di dire cose che non pensava, con una certa logica anche, quando avrebbe voluto tacere e lasciarsi andare nella contemplazione di lei. Solo guardarla e niente altro.

«Adesso non credo che le donne si lascino incantare da una bella divisa. Ma forse non ci sono più belle divise, le due ultime guerre hanno tolto il fascino alle divise militari. Cosa ne pensa lei?» Ermelinda capì soltanto che lui adesso pretendeva una risposta da lei. Si trovò in difficoltà.

«Non so. Io non trovo le divise militari belle e… poi di solito non guardo come è vestita la gente… gli uomini poi e… e… non mi interessa come sono vestiti, cioè, non trovo sia importante il vestito… ah, non so cosa dico.» Avrebbe voluto sprofondare dalla vergogna per le sciocchezze, le frasi spezzate, i pensieri confusi. cosa avrebbe pensato di lei? In realtà neanche il Dr Springer seguiva il senso delle parole. Per lui era importante solo la voce, le parole che non pronunciava, quelle che forse non avrebbe mai detto ma che avrebbe percepito attraverso il suono della voce.

«Mi guarderebbe se io indossassi una divisa? Cioè se mi avesse visto in divisa militare, vent'anni fa, con la divisa della Wehrmacht… mi avrebbe ugualmente guardato? Temo di no. Lei dice che non è importante il vestito. Io non sono di questa opinione. È chiaro che abbiamo fatto esperienze diverse, lei non era ancora nata quando io non desideravo altro che indossare una divisa. Quella divisa. Già da ragazzo non volevo altro; ma tutti i ragazzi della mia generazione avevano solo questo sogno, la divisa della Wehrmacht, il segno di appartenenza a un gruppo ben preciso di uomini. La sto annoiando? Sto facendo discorsi da uomini, vero? Torniamo al romanzo di Roth. Ancora non mi ha detto se vuole continuare a leggerlo o se preferirebbe qualcosa di più leggero, di femminile.»

Ermelinda si svegliò. Poche parole erano bastate per farla salire sulle barricate: era di colpo offesa, anzi piccata e la sua voce vibrava appassionata.

«Non capisco cosa intenda con femminile: Madame Bovary è forse un romanzo femminile solo perché la sua protagonista è una donna? C'è forse un romanzo al femminile e uno al maschile? Io penso ci siano società marcatamente maschili e altre miste dove cioè anche le donne hanno qualcosa da dire... quella austriaca era forse marcatamente maschile – e come conseguenza di ciò eccessivamente militarizzata – e le donne avevano un ruolo marginale, solo badare alla casa, mettere al mondo figli possibilmente maschi cioè nuovi soldati. Io penso che i romanzi siano frutto della società e del tempo; gli scrittori in fondo sono solo testimoni, scrivono delle loro esperienze, esperienze vissute appunto in quella specifica società, in quel tempo... ma io non so niente della società austriaca e tanto meno della sua letteratura, anzi credo di non sapere niente di niente.» Riprese fiato, ma non aveva ancora finito; era necessario mettere il punto sulla situazione.

«Fino a questo momento la scrittura è stata una prerogativa puramente maschile, questo lo so: la cultura, il mondo intero, un feudo riservato solo agli uomini. Cioè sono sempre stati gli uomini e solo loro a farsi interpreti della realtà, sia al femminile che al maschile... i soli protagonisti e... questo non mi sembra giusto.»

Ermelinda si meravigliava di quanto andava snocciolando lì davanti a lui, frutto di ore e ore di discussioni con Lise: aveva imparato bene la lezione. Ripeteva parola per parola quanto aveva sentito varie volte dichiarare dall'amica, dimenticando però le sue risposte sempre contrarie. E ora se ne faceva paladina. Il Dr. Springer ascoltava sorpreso questa specie di dichiarazione di guerra, mentre al contrario il tono diceva ben altro: non era battagliera, né le intenzioni erano polemiche. Sembravano parole vuote che qualcuno le aveva messo in bocca e che lei ripeteva coscienziosamente, pur non essendone convinta. La voce, gli occhi, dicevano altre cose.

«Non avevo mai osservato la cultura austriaca e quella europea in generale da questo punto di vista, direi tutto femminile, senza volerla per questo offendere. È vero che qui da noi ci sono stati un paio di 'odiatori di donne', non so come altro definirli, *Frauenhasser*, del tipo di Kraus o Otto Weininger – forse ne sa qualcosa – non credo però sia il caso di parlarne proprio ora. Certo non c'è un romanzo al femminile e uno al maschile, sono d'accordo con lei, se si esclude la cattiva letteratura, tipo i romanzetti per signorine della Courths-Mahler, però una società al maschile e una mista, come dice lei.... Ma forse ha proprio ragione, la cultura tedesca è molto al maschile, cioè la parte più importante viene recitata dagli uomini, sia nella letteratura che nella politica, ma non soltanto nei paesi di lingua tedesca. D'altra parte non saprei come potrebbe essere diversamente, non è certo possibile cambiare i ruoli... e poi non siamo noi a stabilire i ruoli... le parti che ognuno di noi deve recitare.»

Non riusciva a seguire il filo del proprio ragionamento e fu costretto a fermarsi un momento: gli occhi innocenti della ragazza, la loro intensità, i lampi di luce improvvisa che subito si spegnevano pur illuminando per un attimo le sue pupille nere, sempre più brillanti, sempre più appassionate; il linguaggio chiaro o meglio il messaggio che trasmettevano, oltre ogni convenzione sociale; il suo cedere e darsi, senza parole, senza sotterfugi, lo confondevano.

Ermelinda pendeva letteralmente dalle sue labbra e non era chiaro se lo ascoltasse effettivamente. Forse una parte di lei cercava di concentrarsi su quel discorso certo molto importante ma del tutto incomprensibile, dato che solo parole sfilacciate, brandelli di frasi penetravano nel suo cervello. Parole che galleggiavano, solitarie, prive di senso. L'altra parte di sé, incantata, sospesa su quelle labbra carnose, ne seguiva i movimenti, quasi volesse interpretarne il senso, come fanno i muti.

Nelle pause notò arrossendo che si chiudevano come in un bacio. „Che bella bocca", pensò e un brivido la percosse tutta. Qualcosa l'attirò più in alto, a malincuore lasciò la bocca per seguirne il richiamo. Lui la fissava ormai senza parole ed era come se avesse percepito il suo pensiero. Si guardarono senza riuscire a staccare gli occhi l'uno dall'altra e fu come uno scambio di pensieri, di emozioni, di sensazioni sottili; di intese che non avrebbero mai potuto formulare a parole.

Ad un certo punto il Dr. Springer nella foga della discussione aveva alzato una mano che però fermò a mezz'aria; avrebbe voluto sfiorare la piccola mano di Ermelinda posata sul tavolo, accanto alla tazza del Melange che non aveva più toccato. La ragazza notò il movimento e arrossì mentre un languore nuovo, più potente di ogni rimescolio si impossessava delle sue membra. Abbassò un momento le palpebre per riaprirle subito. Non voleva perdere niente di quell'istante, desiderava solo penetrare in lui attraverso i suoi occhi, confondersi in lui ma soprattutto voleva che continuasse a parlare, essere avvolta da quella voce. Che quell'incanto non finisse mai.

«I ruoli, le parti... chi ha inventato tutte queste cose?» Balbettò, poi rassegnato, senza speranza, chiuse la mano in un pugno, un grande pugno diventato di colpo inutile e l'appoggiò sul bordo del tavolo.

La piccola mano di Ermelinda si accostò furtiva e sfiorò, quasi l'ala di una farfalla, il grande pugno dell'uomo che tremò leggermente prima di aprirsi per afferrarla e coprirla con grandissima delicatezza, prendendone possesso.

La fuga

„Fuggire“ pensava, „fuggire“ e non riusciva a pensare ad altro; solo le gambe la portavano avanti, lungo una strada che conosceva bene.

Lì dove le gambe la portavano sapeva di non incontrare nessuno. Lise le aveva detto che sarebbe partita per Losanna quel pomeriggio stesso, per essere presente al compleanno della prozia. Un compleanno importante, novant'anni. Si aspettava la visita del sindaco, un discorso ufficiale, festeggiamenti di vario genere e soprattutto parenti e amici provenienti anche da lontano. Lei non poteva mancare. Si erano salutate la mattina brevemente; avevano fatto uno spuntino insieme alla Dorotheergasse, da Trzesniewski e poi si erano separate.

Ma le gambe non sapevano tutto questo. Andavano veloci, senza sentir ragione, ancora il contatto del ginocchio di lui, la grande mano di lui sulla sua e il saluto:

«A domani.» la voce tenera, profonda.

Svoltato l'angolo della Taubstummengasse le venne incontro la piccola Moritz rossa dell'amica.

«Ermelinda! Che fai qui? Quasi ti investivo.» Lise frenò bruscamente la macchina e spalancò subito la portiera facendole cenno di salire.

«Come sono felice di trovarti. Non speravo proprio... non so perché sono venuta qui, benché sapessi che tu non ci saresti stata. Sei la mia salvezza.» Era affannata, fuori di sé, come chi, inseguita da un ladro o da un assassino, non sa fare altro che correre e corre, corre, quasi senza rendersene conto.

«Cosa c'è? Perché sei così agitata? Ti è successo qualcosa?»

«No, no. È che... non so come dirti... non so dove andare e... non voglio tornare a casa...» Non poté proseguire soffocata dall'ansia, il fiato corto per la corsa. Lise accostò la macchina al marciapiede e spense il motore. La guardava e rifletteva.

«Va bene, poi mi racconterai... io intanto devo partire, lo sai, non posso tardare oltre. Questo pomeriggio ho avuto un mucchio di cose da fare. Adesso dovrei essere già in Baviera. Domani mattina devo essere a Losanna e non posso perdere altro tempo. Vieni con me. Così come sei, sarà soltanto per due giorni. Io posso darti uno spazzolino da denti.»

Ermelinda non sapeva cosa le stesse succedendo, ma pensò che quella era l'unica soluzione possibile.

Piuttosto che finire sulla luna era meglio andare a Losanna.

Così ebbe inizio un viaggio che non avrebbero mai dimenticato.

Già uscire dalla città fu un problema. Lise smarriva continuamente la strada, sapeva di dover arrivare prima a Schönbrunn, ma la segnaletica non era ottimale e il traffico, il buio, tutto sembrava congiurare contro di lei. Ora aveva pure preso a nevicare. I fiocchi prima acquosi e poi sempre più fitti, si posavano sul parabrezza e ci restavano incollati; ci fu anche un momento in cui non videro più niente. Il tergicristalli sembrava essersi congelato anche lui. I suoi movimenti, lenti, fiacchi, esasperavano Lise. La piccola macchina inoltre veniva scossa da fortissime raffiche di vento. Un incubo.

«Siamo nel bel mezzo di una tempesta di neve» borbottò Lise, già nervosa. «Chi se lo sarebbe aspettato. Mi puoi dire cosa ti è accaduto? Hai incontrato il diavolo o il bibliotecario? Non so cosa sarebbe meglio per te. So che il diavolo sarebbe più facile da scacciare con qualche segno di croce, una spruzzatina di acqua benedetta e non so che altro. Voi cattolici avete trucchi diversi. Ma un bibliotecario...»

Ermelinda taceva, impressionata dalla prima tempesta di neve della sua vita; quasi dimentica delle emozioni che l'avevano agitata fino a qualche minuto prima, osservava attenta quello spettacolo nuovo per lei, che aveva solo immaginato attraverso la lettura di romanzi russi. Una calma improvvisa, un senso di pace si stese su di lei, come una coltre di neve, gelando tutto, pensieri, inquietudini, paure. Per la prima volta sentì che la morte aveva a che fare con la pace, col silenzio assoluto, con la fine di ogni cosa; la morte intesa come un corollario, una conseguenza necessaria alla vita, e anche una liberazione.

La vita senza la morte non avrebbe senso.

Perché pensava alla morte? Era solo la neve che copriva ogni cosa annullando contorni e forme? E quel silenzio pieno di attesa, reso ancor più evidente da improvvise raffiche di vento che andavano e venivano, sparendo poi nel buio, frenate dai muri dei palazzi, perdendosi nelle piazze quasi deserte, mentre le strade si svuotavano man mano che uscivano dal centro.

Quella fuga insensata! Da cosa fuggiva? E chi, che cosa aveva provocato tanto smarrimento?

«Ho restituito il libro. Non andrò più in biblioteca.»

«L'avevo sospettato che ci doveva essere di mezzo il bibliotecario. Come si chiama...? Michael, se non sbaglio. Me lo dovresti far conoscere. Chissà che tipo deve essere per averti impressionato tanto. Non ti ho mai visto così sconvolta dopo i tuoi incontri giornalieri con Rahimi. Questo Michael deve avere qualcosa in più... benché non creda molto al fascino degli austriaci.»

Ermelinda taceva. Lise la sorprendeva sempre. Sembrava guardarle dentro.

«Che dirà tua madre? Tu mi porti senza neanche avvertirla.»

«Appena usciamo sull'autostrada ci fermiamo a una stazione di servizio e le dò un colpo di telefono. Lei non ha mai niente in contrario se porto qualcuno. Non ti preoccupare, e poi parla italiano. Vedrai come sarà gentile. Ti sedurrà, ne sono sicura, ti travolgerà col suo famoso charme. Lo usa soprattutto con gli estranei, mai con la famiglia. A lei riesce sempre di abbindolare tutti.»

Dopo forse un'ora di giri e rigiri per strade sconosciute, solitarie e sempre più silenziose, senza poter chiedere a qualche passante o meglio ancora a un poliziotto, girando da un angolo all'altro, spesso ritrovandosi sul punto di prima, a velocità sempre più ridotta data la poca visibilità e il pericolo di scivolare, Lise riuscì a vedere un cartello che indicava Salzburg. Tirò un sospiro di sollievo.

«Alla buonora! Finalmente il comune di Vienna ha speso qualche soldo per aiutare i poveri automobilisti sperduti in questa grande città. Adesso usciremo da questo inferno.» Ermelinda sbirciò il suo orologio da polso, ma era buio e non riuscì a vedere niente.

«Che ore saranno?»

«Meglio non saperlo, altrimenti mi innervosisco ancora di più. Piuttosto, ho fame. Ho portato qualche panino e un pollo fritto. Prendi il sacchetto che sta dietro di te. Ho dimenticato di portare qualcosa da bere, ma ci fermeremo a una stazione di servizio.» Ermelinda trovò il sacchetto e pescò un panino che subito porse all'amica.

«Prendi qualcosa anche tu. Non mi dire che non hai fame.»

Ermelinda si accorse di avere un buco nello stomaco. Da mezzogiorno, dopo i piccoli tramezzini mangiati insieme a Lise da Trzesniewski, non le era stato possibile inghiottire più di qualche sorso di Melange. Accolse l'invito con gratitudine, e i panini di Lise erano sempre molto saporiti, li conosceva. Anche il pollo gustò, intanto che spezzava dei bocconi che passava all'amica, anche lei affamata come un lupo. Doveva essere lo stress di quel viaggio a metterle tanto appetito.

Uscite dalla città sembrò che di colpo fosse calato un sipario dietro di loro: cessò di nevicare. La strada asciutta, il traffico normale.

«Il peggio è passato» gridò Lise. «Urrà! Adesso abbiamo circa mille chilometri davanti a noi e se tutto va bene domani in mattinata saremo a casa.»

Fin quasi a Salzburg infatti non ci furono problemi.

Ormai vicini alla mezzanotte, Lise decise di fermarsi alla prima stazione di servizio per fare il pieno di benzina e telefonare alla madre. Ermelinda restò in macchina.

Mia madre non è venuta al telefono. Strano. Di solito va a letto assai tardi, forse è fuori a cena. La zia non va mai al telefono, non lo sente, anche se non vuole ammetterlo. D'altra parte, prima di partire sono riuscita a parlare con lei, sa che sono in viaggio. È anche possibile che abbia preso un sonnifero già alle dieci per potersi svegliare domani presto.»

Sembrava contrariata. Risalì in macchina e con un'alzata di spalle che era anche un suo modo tipico di dimostrare il proprio disappunto, partì con lo slancio abituale.

Dopo pochi chilometri entrarono in una specie di bolgia infernale: di colpo raffiche di vento e un fitto velo di neve rese la visibilità quasi impossibile. Il vento inoltre quasi sollevava la piccola macchina che cominciava a sbandare pericolosamente. Perfino le piccole luci sul ciglio della strada erano coperte di neve, così che era impossibile vedere dove finiva la strada. Lise vide le luci posteriori di un camion e cercando di mantenere una certa distanza lo seguì.

«Se continua così dovrò mettere le catene» borbottò scontenta. Ermelinda non capì di che catene si trattasse e dove avrebbe dovuto metterle, ma non disse niente per non irritare l'amica, già piuttosto nervosa. Ad un certo punto il camion davanti a loro girò a destra e sparì alla loro vista, evidentemente era entrato in un posteggio. Lise si sentì persa. Andò avanti, assai cauta, riducendo al massimo la velocità, finché vide altre luci, questa volta ferme. Si avviò da quella parte e scoprì un posteggio con alcuni camion fermi. Si arrestò. Non amava i camionisti e non aveva nessun piacere di fermarsi con quel buio, in quella solitudine, in mezzo a degli sconosciuti.

«Che facciamo? Questo posto non mi piace e qualcosa mi dice che è meglio non fermarsi qui. D'altra parte sulla strada non saprei più distinguere in quale direzione andare, a destra, a sinistra, a nord, a sud. Eccoci in un bel pasticcio. Che ne dici?» Ermelinda non osava neanche pensare, non si era mai trovata in una situazione simile. Il primo pensiero fu „meno male che sono con lei, almeno non è sola", benché non sapesse cosa avrebbe potuto fare in caso di pericolo.

«Non so cosa potrebbe accadere, ma se chiudiamo le porte con la sicura nessuno può aprire da fuori. E sulla strada non si vede più niente. Non so cosa sia più pericoloso. Ma sei tu a decidere. Io non ho nessuna esperienza, lo sai.»

Lise seguì il suo consiglio, anche perché non c'era altro da fare, e si allineò accanto a un camion, che sovrastava la piccola Moritz come una montagna accanto a un topolino.

Era stanca morta. Aveva avuto una faticosissima giornata, come ogni volta che doveva partire. Era corsa da un negozio all'altro per cercare un regalo per la zia. Poi aveva pensato che fosse necessario portarne uno anche alla madre, e qui cominciarono le vere difficoltà. Ogni cosa che prendeva in mano, fosse un profumo, un foulard di seta, un libro, tutto era sbagliato e sentiva il commento della madre: questo si può comprare anche qui. Che necessità c'è di fare regali? E poi a Vienna sono fermi a prima della guerra quanto a gusto e qualità. E altro ancora, avrebbe detto, e l'avrebbe smontata.

Aveva deciso di partire nel primo pomeriggio e invece, fra una cosa e l'altra, la necessità improvvisa di lavare i capelli, il desiderio di lasciare la casa in ordine, spostare oggetti da una parte all'altra delle stanze, inquietandosi per ogni piccola contrarietà, erano passate le ore e lei ancora doveva chiudere le valigie. Perché due valigie se doveva restare solo due tre giorni? Riprese in esame il contenuto delle valigie, cercò di ridurle a una sola, togliendo e rimettendo la roba, scegliendo ora questo ora quello. Infine, snervata, le portò tutte e due, tanto in macchina non disturbavano nessuno.

Tutto quel giorno aveva cercato di ignorare la vecchia ansia che la prendeva quando doveva mettersi in viaggio, soprattutto ogni volta che doveva tornare a casa, o andare a trovare la madre in vacanza. Ogni incontro era sempre preceduto da questa maledetta ansia, dal desiderio di allontanare il più possibile il momento in cui la madre, rigida, le avrebbe aperto le braccia rigide e avrebbe accostato le labbra rigide sulle due guance. Due baci dati in punta di labbra, due braccia legnose che avrebbero cinto per un secondo le sue spalle, mentre gli occhi, quegli occhi indagatori che conosceva così bene, l'avrebbero guardata in modo interrogativo: che guai hai combinato questa volta?

Portarsi Ermelinda dietro era stato un gran bel colpo, se ne accorgeva ora, man mano che sentiva la vecchia tensione allentarsi.

«Sono proprio contenta che tu sia venuta con me.» Disse a voce alta, arrotondando le erre in quel suo modo tipico.

Furono le sue ultime parole, perché subito dopo abbassò la testa sulle braccia incrociate sul volante e dopo neanche un secondo fu possibile sentire il suo respiro regolare, come di chi dorme profondamente.

Ermelinda non chiuse occhio, attenta a ogni più lieve rumore, chiusa in quella scatola metallica, del tutto isolata dal resto del mondo, nel buio più completo, il parabrezza coperto da uno spesso strato di neve. Il motore spento, il freddo cominciò a prendere il sopravvento sul vestito, il cappotto, la sciarpa, i guanti che aveva infilato e il plaid di lana che

Lise aveva disteso sulle loro ginocchia. Pensò che non doveva essere diverso svegliarsi improvvisamente chiusa in una bara, forse già sotto terra. A volte era possibile leggere sul giornale una notizia del genere, inventata o vera. Chi lo poteva sapere? Ma le impressioni dei risuscitati non erano mai state descritte da nessuno.

Si tranquillizzò. Lei non era morta e la Moritz non era una bara. Vegliò il sonno dell'amica sentendo di proteggerla da eventuali pericoli. Avrebbe reagito come una piccola tigre: chiunque avesse tentato di forzare la porta avrebbe dovuto fare i conti con lei! Con i suoi denti.

Non fu necessario.

Dopo qualche tempo, forse una o due ore, un camion accese il motore e Lise si svegliò di colpo.

«Ho dormito così profondamente e ho fatto tanti sogni confusi e brutti. "Un muro de malos sueños me separa de los muertos, un muro di brutti sogni mi separa dai morti." Conosci questi versi di Garcia Lorca? Chissà perché mi vengono in mente proprio in questo momento.» Ermelinda non conosceva Garcia Lorca, ma ancora una volta non volle confessare la propria ignoranza. Si ripromise però di cercarlo nella biblioteca dell'Istituto italiano di Cultura oppure in quella spagnola.

Lise accese il motore. Il freddo era insopportabile, nonostante il plaid e la giacca di pelliccia che aveva indossato per scendere nella stazione di servizio e poi lasciata addosso.

«Per fortuna dimentico sempre i miei brutti sogni. Adesso dobbiamo uscire da questa situazione che è peggio di un brutto sogno.»

Continuava a nevicare ma un forte rumore l'avvertì che stava arrivando lo spazzaneve. Mise in moto e cercò di andare in direzione di quel rumore. Presto ne avvistò anche le luci e con molta cautela prese a seguirlo, tutta protesa in avanti cercando di vedere almeno a qualche metro di distanza. Anche Ermelinda era tesa, sentiva che le piccole ruote della macchina non aderivano all'asfalto, scivolavano per qualche secondo, e allora il suo cuore si fermava per riprendere a battere appena risentiva una certa stabilità. Lise non era molto abituata alla neve, ma sapeva guidare e non era facile che perdesse la testa. In quella occasione diede prova di buoni nervi e controllo della situazione. Percorse alcuni metri, sempre col fiato sospeso; finalmente trovò la corsia lasciata dallo spazzaneve, intanto che il sale scioglieva la neve in una specie di pantano, ancora alquanto scivoloso, ma possibile da percorrere.

Arrivarono a una stazione di servizio e Lise propose di scendere per prendere una bevanda calda al bar.

C'erano altri automobilisti, tutti uomini, che sorpresi e un po' divertiti squadrarono le due ragazze quasi non ne avessero mai viste prima. Che ci fanno di notte e con quel tempo due ragazze come quelle, pallide e infreddolite, una in pelliccia, sicura di sé, con un'aria da padrona e l'altra, forse la sua servetta, che sembrava gelare in un cappottino quasi estivo, il visetto spaurito, uno scialle di lana sulle spalle come usavano le nonne in altri tempi, senza neanche un berretto in testa? Una strana coppia davvero.

Fino a Monaco andò tutto abbastanza bene, nonostante la neve. I tedeschi erano molto più efficienti degli austriaci e uno spazzaneve seguiva l'altro, per cui la strada era soltanto bagnata e bisognava mettere in moto soltanto il tergicristalli per avere una migliore visibilità.

Lise era rinfrancata. Adesso pregava l'amica di raccontarle qualcosa per tenerla sveglia, poi accese la radio per sentire le notizie sul traffico e un po' di musica. Poco prima dell'alba attraversarono la città. Monaco si stava svegliando. I lampioni spargevano una luce giallastra, qualche macchina in giro, nessun essere umano in vista. Un'atmosfera spettrale, come di una città abbandonata dai suoi abitanti, fuggiti chissà dove; Ermelinda, tesa, curiosa di vedere un po' di Germania, fu delusa dalle brutte case, lunghe, basse, con piccole finestre tutte uguali. Nessun balcone, nessun ornamento: era questa la Germania di cui si parlava tanto?

«Mi chiedo quando si decideranno a costruire una strada che aggiri il centro. Di giorno qui non passa una mosca per il tanto traffico» commentò Lise.

Man mano che uscivano dalla città un'alba pallida, quasi malaticcia, schiarì per gradi il cielo e un paesaggio da fiaba si aprì ai loro occhi. Aveva smesso di nevicare e quasi non se ne erano accorte, tanta era la stanchezza. Alberi, prati, casette, tutto era coperto da un impressionante strato di neve. Grossi cuscini, bianchissimi, pendevano in equilibrio quasi bilanciandosi fra i rami degli alberi. I tetti sembravano sopraelevati tanta era la neve – almeno mezzo metro e forse più – che minacciava di precipitare giù in una vera e propria slavina. Ermelinda pensò che un terremoto lì avrebbe provocato disagi ancora maggiori che non nella sua città. Qui la gente per salvarsi avrebbe dovuto andare fuori, e sarebbe stata subito sommersa dalla neve. Senza contare il freddo. Lo disse a Lise.

«Non credo che questa sia una zona sismica. Qui non ci sono vulcani come da te. Non ricordo di aver sentito di un terremoto da queste parti. Ma certo sarebbe un guaio in più, hai ragione.»

«Dove siamo?» Ermelinda aveva la gola secca, gli occhi che a stento riusciva a tenere aperti, e una gran fame.

«Senti anche tu quello che sento io?» chiese Lise. «Qui è necessario un bel rifornimento, mi sembra di non aver mangiato da mesi!»

Non fu necessario cercare molto, il primo paese che incontrarono sembrava essere sveglio da ore. I tedeschi sono assai mattinieri, pensò Ermelinda. Trovarono un panificio dove era possibile prendere anche un caffè che del caffè aveva solo il nome e dei deliziosi panini dolci con l'uvetta, caldi, soffici come brioche. Lise ne prese altri per il viaggio, perché cominciava a sospettare che non sarebbero arrivate per l'ora di pranzo.

A Lindau tentò ancora una volta di telefonare a casa, ma era troppo presto, la madre dormiva e non osò svegliarla. Ora erano in Svizzera ed Ermelinda, rinfrancata dall'abbondante colazione, sgranava gli occhi curiosa di vedere il paese dell'amica.

«Che grazioso! Sembra una cartolina illustrata... tutto ordinato, pulito, i prati coperti di neve, le casette con le imposte laccate. D'estate posso immaginare le mucche svizzere lavate e spazzolate a dovere pascolare già di prima mattina su prati verdissimi. E sicuramente non mancano i gerani rossi alle finestre: un idillio! Tutto in miniatura. Mi sembra di aver già visto questi luoghi sui libri illustrati della mia infanzia... mancano solo le fatine e gli gnometti!»

«Non è necessario che tu faccia dell'ironia. La Svizzera è un paese assai ordinato, il primo stato europeo o meglio mondiale esistente già dalla fine del XIII secolo. La gente qui ha un gran rispetto per la pulizia, non conosce disordini di nessun genere, non abbiamo guerre dal tempo di Napoleone, abbiamo però un piccolo esercito ben addestrato. Certo nessuno ci teme, ma invece che di armi disponiamo di molte divise. Scusa il gioco di parole, ma si tratta di divise, di monete estere, molto più importanti di qualsiasi uniforme. Le nostre banche conservano segreti che sconvolgerebbero il mondo, se soltanto venissero alla luce.» Lise sembrava piccata dalle osservazioni di Ermelinda, con tutto ciò sentì il bisogno di giustificarsi. E non capiva la sorpresa dell'amica. Era troppo abituata a quel paesaggio per trovarci qualcosa di strano. Ora però, attraverso gli occhi dell'altra scopriva anche lei un paese diverso. Anche lei vide una specie di cartolina illustrata, estremamente ordinata, chiusa fra montagne che anche la isolavano dal resto del mondo, impedendo forse una visione più vasta della vita che pulsava altrove. E lei che tante volte si era vantata dell'apertura culturale della sua Svizzera a confronto della Sicilia. Certo il confronto con la Sicilia in ogni caso era a suo vantaggio, ma col resto del mondo?

Ambedue stanche, smisero di parlare. Adesso avevano solo un desiderio: arrivare il più presto possibile, fare una doccia, cambiarsi, entrare in una casa ben riscaldata, accogliente, un pranzo caldo, avere intorno facce sorridenti, ben disposte. Arrivarono a Losanna nelle prime ore del pomeriggio. Lise, man mano che si avvicinava a casa, diventava sempre più nervosa ed Ermelinda temeva fosse per colpa sua. Anche lei cominciò a star male, a scusarsi di essere venuta.

«Ti prego, Ermelinda. Tu non c'entri per niente. Il fatto è che mia madre odia la gente che arriva in ritardo e io avevo promesso di essere qui di primo mattino, per aiutarla nei preparativi, ricevere la gente, eccetera. A quest'ora è già finito tutto e lei mi accuserà di averlo fatto apposta! Mai crederà che abbiamo avuto il viaggio più disastroso della mia vita, neanche se chiamo il servizio meteorologico.»

«Ma posso testimoniare io.» E nello stesso momento in cui diceva questa frase si accorgeva della sua inutilità. Chi era lei agli occhi della madre? Un nessuno, un nulla, una venuta da chissà dove.

Ad un certo punto, Lise imboccò un viale alberato che costeggiava il lago.

«Ancora qualche minuto e siamo arrivati. Tu stai tranquilla, anzi meglio se mi aspetti in macchina. Prima voglio vedere che aria tira.»

Si fermò davanti a una specie di parco. Tutta la strada era occupata da macchine in sosta, non c'era un solo posto libero, neanche un piccolo spazio per infilarci la Moritz.

«Sono ancora tutti lì» fu il solo commento di Lise. Salì sul marciapiede di fronte, spense il motore e scese dopo essersi ravviata i capelli con mano impaziente. Con l'eleganza abituale attraversò la strada e man mano che accelerava il passo raddrizzava la schiena, sollevava leggermente il mento in segno di sfida e riacquistava l'abituale disinvoltura. In due salti superò i pochi gradini che la portavano nel parco e sparì.

Ermelinda aveva sentito la tensione dell'amica e non capiva. Come sarebbe stato diverso il suo ritorno a casa, la sua gioia di rivedere la nonna, il padre e tutti, anche la casa, la sua stanza. Lise sembrava una condannata a morte che pur avviandosi incontro al boia, cerca di mantenere un certo contegno. Almeno salvare le apparenze. Aveva lasciato le valigie in macchina e anche i fiori, che all'ultimo momento aveva comprato in un negozio di Losanna, ritardando ancora il suo arrivo.

Dopo qualche minuto, forse un quarto d'ora, vide Lise scendere gli scalini che separavano il parco dal marciapiede, le chiavi della macchina in mano, il viso nero come un temporale (mai l'aveva vista così). Senza una parola aprì lo sportello e salì in macchina avviando subito il motore. Ermelinda non osò chiedere spiegazioni. Si tornava subito a Vienna?

«A casa non c'è un solo letto libero. È piena di ospiti e noi pernotteremo qui vicino, dalla mia amica. Ha un albergo e sicuramente troverà una stanza libera per noi.»

Non aggiunse altro. Dopo qualche minuto fermò la macchina davanti all'entrata di un albergo.

«Aspettami qui. Vengo subito.» E scomparve dentro una porta girevole.

Dopo qualche minuto tornò accompagnata da un boy che la seguiva, senza fretta, per prendere le valigie.

Lise l'accompagnò in una stanza con un letto alla francese, una specie di matrimoniale a una piazza e mezzo.

«Io devo andare. Tu non mi aspettare, non so quando torno. Penso di essere qui prima di cena. Dormi bene.» E scappò via.

Ermelinda fece appena in tempo a togliersi il cappotto e le scarpe che già gli occhi si chiudevano. Qualcosa di morbido frenò la sua caduta, doveva essere il piumone, sopra o sotto di sé, non era chiaro; non fece però in tempo a pensare oltre che già era partita.

Durante la notte fu come se la terra si rifiutasse di sostenerla. Una specie di terremoto, sensazione assai ben conosciuta del resto, dato che i terremoti nel suo paese erano all'ordine del giorno e della notte, la scosse per un momento. Del tutto annebbiata dal sonno capì che qualcuno tentava di tirare il piumone sul quale doveva essersi addormentata. Si spostò leggermente e dopo qualche secondo qualcosa di caldo, morbido si adagiava sul suo corpo rattrappito, forse per il freddo, benché si fosse addormentata vestita di tutto punto. Finalmente si rilassò, distese il corpo con un nuovo senso di benessere e prima di riaddormentarsi sentì il respiro regolare di Lise accanto a sé, crollata anche lei qualche minuto prima.

Un raggio di sole la svegliò, la mattina seguente, e non sapeva dove si trovava. Qualcuno le dormiva accanto. Si girò cautamente e vide il viso di Lise affondato nel cuscino, un viso triste come non le aveva mai visto prima, con qualcosa di indifeso, di abbandonato; nel sonno tradiva la sua infanzia senza amore, senza la tenerezza che la madre non aveva saputo darle e della quale dichiarava di poter fare a meno. A Ermelinda sembrò di vedere Lise bambina, una bambina sensibile, lasciata sola con le sue paure, bisognosa di carezze, di quel calore fisico che soltanto la madre sa dare. Qualcosa le strinse la gola: lei aveva avuto la nonna e il padre che l'avevano consolata, coccolata.

L'osservò a lungo, commossa di scoprire un lato sconosciuto in quella persona che ammirava soprattutto per quel suo essere sempre al di sopra di tutte le cose, quasi invulnerabile e in qualche modo irraggiungibile. Ora l'ammirazione cedeva il posto a un sentimento nuovo, molto più profondo; un affetto che sapeva l'avrebbe accompagnata tutta la vita. Fu una scoperta.

Fin da bambina aveva sempre avuto molte amiche, senza mai rendersi conto dell'importanza di questo rapporto così diverso da tutti gli altri, non guidato da legami già prestabiliti come quelli famigliari o da istinti più o meno irrazionali come l'amore per un uomo. Qui erano in gioco altre forze. Si trattava di una scelta cosciente, di un'assonanza di gusti e di pensieri non soltanto a livello intellettuale ma anche emotivo. Un sentimento diverso da quello che provava per le sorelle, per il fratellino e per... Michael.

Lo aveva dimenticato.

In quelle ultime ventiquattro ore erano accadute tante di quelle cose che per Michael non era rimasto spazio. Era semplicemente uscito dai suoi pensieri.

Fu come se Lise avesse sentito di essere osservata, perché dopo qualche minuto aprì gli occhi e guardò l'amica, seria, quasi emergesse da un altro mondo, un mondo di brutti sogni: come aveva detto la notte precedente? Ermelinda cercò di ricordare. „Un muro di brutti sogni mi separa dalla morte", ma non era sicura che il verso andasse proprio così. Certo si trattava di brutti sogni e di morte.

«Bon jour.» Come suonava bene in lingua francese, pensò Ermelinda. Una pallina d'argento che rimbalzava leggermente restando sospesa nell'aria, al contrario di quel banale „buon giorno" italiano, pesante e nient'affatto argentino. Così rispose anche lei in francese, cercando di imitare la cadenza e forse anche la voce della compagna. Lise stirò le labbra in un sorriso, gli occhi ancora seri.

«Mia madre è stata più ruvida del solito. Ha trovato modo di sussurrarmi fra i denti che mio fratello, pur venendo da un altro continente, è stato più puntuale di me. Sono tornata un po' tardi e tu dormivi così saporitamente che non ho avuto cuore di svegliarti per la cena. Devi avere una fame da lupi.» E si girò. Afferrò la cornetta del telefono e ordinò la

colazione in camera, una colazione molto sostanziosa, precisò.
Ermelinda si alzò. Aveva ancora tutti i vestiti addosso e si vergognò. Lise le offrì di scegliere qualcosa nelle sue valigie, ma Ermelinda si limitò ad andare in bagno dove trovò uno spazzolino da denti e tutto il resto per rinfrescarsi un po'. Intanto arrivò la colazione e l'odore dei toast, del caffè che penetrava attraverso le fessure della porta, stuzzicò ulteriormente il suo appetito.

Lise era già seduta davanti a un tavolino che una cameriera finiva di apparecchiare per due. Indossava una stupenda vestaglia di velluto rosa che sottolineava la delicatezza dei lineamenti, il colore dei capelli, degli occhi. Ancora una volta Ermelinda l'ammirò per la signorilità, la gentilezza dei gesti, mentre versava il caffè o le porgeva il cestino del pane, il burro: una vera signora, pensò.

«La maggior parte degli ospiti che vengono da lontano, cugini, parenti vari, si fermeranno ancora oggi e domani, per cui in casa non ci sarà posto per noi. Io ho detto a mia madre che devo tornare subito a Vienna perché ho delle lezioni importanti che non voglio perdere. Non ha fatto nessun commento. Credo che non le dispiaccia affatto. Per cui appena finito di far colazione ci rimettiamo in viaggio. Stasera potremmo essere a Vienna. In quel trambusto ho anche dimenticato di dirle che non sono venuta sola, che ci sei tu con me. Mi dispiace e ti prego di scusarmi. Ma non ho trovato né il tempo né l'occasione, e poi era già abbastanza irritata con me. Inoltre aveva anche molto da fare. Sono certa che ti avrebbe accolto con grande cortesia e mi avrebbe accusata di tener lontano da lei i miei amici. Si potrebbe partire subito. Che ne dici?»

«Per me...» fu tutta la risposta di Ermelinda, confusa ma anche delusa di non poter conoscere la madre di Lise. Ne aveva tanto sentito parlare che se la immaginava quasi in carne ed ossa. Un'occasione perduta. „Che peccato" fu il suo unico pensiero.

Arrivarono molto tardi, o meglio molto presto, la luce giallastra dei lampioni ancora accesi della Böcklinstrasse sbiadiva ai primi chiarori del giorno. La strada liberata alla meno peggio dalla neve si era trasformata in una pista ghiacciata buona solo per pattinare; ai lati del marciapiede si ammucchiavano cumuli di neve sporca; gli alberi intirizziti dal gelo sembrava tendessero i rami verso il cielo grigio invocando aiuto. Un paesaggio invernale che Ermelinda non conosceva; doveva aver nevicato per tre giorni, senza interruzione, da quando cioè aveva lasciato la casa pensando di tornare qualche ora dopo.

Prima di uscire dalla macchina, si girò impulsivamente verso l'amica e l'abbracciò. La prima volta che lo faceva e sentì la sorpresa, il disagio e la domanda: che ti sta succedendo? Lise si riprese subito e ricambiò l'abbraccio, non era abituata a questo tipo di reazioni. Anche lei, come la madre, rifuggiva da ogni contatto fisico, da ogni chiara manifestazione di sentimenti che riteneva superflui e banali.

Ermelinda, appena in camera, trovò sul tavolino una busta e un biglietto della Frau Baronin. Non volle leggerlo, tanto era facile indovinarne il contenuto, ma aprì la lettera. Era strano vedere il proprio nome scritto da una mano forte, quasi calcato sulla carta. Una calligrafia che non conosceva. Il francobollo austriaco.

„Mia piccola Ermelinda. Lo so, non ho il diritto di considerarti mia, ma permettimi almeno di pensarlo. Di scriverlo.

Ti ho cercato. Ho telefonato. Mi sento pazzo.

Devo assolutamente vederti, per favore. Verrò ancora una volta all'Università, alla fine della lezione (mi sono informato). Ti prego, non fuggire.

M."

Parte seconda

Viaggio nella realtà

Schwechat. Un aeroporto vasto, elegantissimo, marmi di vari colori, un vero aeroporto internazionale in grande stile. Insieme agli altri passeggeri si faceva strada una signora d'una sessantina di anni. Si tirava dietro una piccola valigia a rotelle, poco più grande di una ventiquattr'ore. Elegante, minuta, vestita con cura; le mani da bambina, ai piedi scarpe da Cenerentola, piccolissime, misura trentaquattro; camminava speditamente e pur non allungando il passo raggiunse insieme agli altri passeggeri l'autobus del terminal. In poco più di venti minuti arrivò in centro. Un taxi la depositò davanti all'ingresso di un albergo.

Ed ora eccola qui, in una stanza al terzo piano, con finestra sul cortile, per suo esplicito desiderio. Il traffico della Favoritenstrasse al suo arrivo l'aveva spaventata.

„Cosa sono venuta a fare qui? Ho soltanto un giorno e mezzo di tempo... per che cosa? Riuscirò a vedere tutto?"

Se è vero che i sogni sono il prodotto, anzi la sintesi più o meno confusa, di emozioni, avvenimenti, ma anche di desideri nascosti che germogliano sotto terra ed emergono alla superficie della coscienza solo dopo un certo periodo di incubazione, allora in tutti quegli anni aveva vissuto sotto terra, non aveva visto la luce del sole, in continua attesa che finalmente da quelle radici, così tenaci, venisse su una pianta. Anche un rovo sarebbe bastato, pieno di spine, ma voleva uscire finalmente dall'oscurità del sogno e svegliarsi alla luce del mondo reale. Aveva accettato ciò che le era stato offerto e cioè la realtà quotidiana, quel misto di verità e menzogna, quel recitare continuo per rispettare certe regole stabilite dall'uso, necessarie per la convivenza; e aveva accettato anche il corsetto dei ruoli nei quali ogni essere umano viene infilato per un puro bisogno di sopravvivenza, per un accordo sociale: cos'altro è la realtà, la realtà accettata da tutti? E sempre un solo desiderio, mai espresso; un solo pensiero sepolto sotto un mucchio di macerie: tornare qui, attraversare mezza Europa per rivedere, da sveglia, i luoghi di tanti, tantissimi sogni tormentosi. Sogni che a distanza di giorni o anche di anni, avevano continuato ad espandersi subdolamente nell'oscurità della notte, senza produrre nessuna pianta, nessun fiore, affondando le radici in un humus sempre più fecondo che però produceva solo gramigna. Una mala pianta insediata nella parte più oscura della sua coscienza, del suo essere, che finalmente voleva estirpare.

Ora, forse, con l'aiuto di questo antidoto, se ne sarebbe liberata. Sarebbe uscita dal regno dei sogni per entrare infine nel mondo reale.

Ma chi, che cosa l'avrebbe sostituito? Quale realtà l'aspettava oltre il muro? „Un muro di brutti sogni mi separa dai morti" un verso che aveva scandito il ritmo della sua vita. Aveva letto tutte le poesie di Garcia Lorca per cercare quel verso che le si era inchiodato in testa in un momento particolare della sua vita. „Un muro di brutti sogni..." Ma dopo, cosa avrebbe sognato dopo questo viaggio? Avrebbe estirpato la mala pianta? Avrebbe finalmente scritto la parola fine su quella passione che aveva dato senso alla sua vita? Una passione fatta solo di nostalgia, di ricordi e niente altro. Come sarebbe stata la sua vita se in quel lontano 1964 non avesse intrapreso quel viaggio nel buio.

E quali sogni avrebbero segnato il ritmo delle sue notti nei restanti anni che aveva ancora da vivere?

Altri sogni si sarebbero sovrapposti, pieni di nulla o di banalità; si sarebbe liberata di quell'unico nodo che aveva sorretto i fili della sua esistenza. Sciolto il nodo, sarebbe rimasta una vita vuota di quei sentimenti che per quanto angosciosi avevano dato un senso a ogni sua azione.

Anche il dolore, il rimpianto per quello che avrebbe potuto essere e non è stato, è meglio del vuoto assoluto?

Ma forse sarebbe stata in grado di aprirsi ad altre esperienze, avrebbe avuto una vita più completa, senza i fantasmi che avevano accompagnato le sue notti, che l'avevano seguita anche di giorno, passo passo, a scuola, in casa, distogliendola dal tran tran quotidiano.

Rahimi.

Senza motivo emerse quel nome, la figura di quel giovane che non aveva mai sognato, sparito anche dal mondo dei sogni; vestito sempre in modo impeccabile, cravatte sgargianti, capelli neri, cortissimi. Colto, raffinato. Tanto orientale. Con la caduta dello Scià aveva dovuto fare le valigie anche lui insieme alla sua famiglia, legata alla corte. E che ne era stato della sua carriera diplomatica, della sua vita in esilio?

Quante volte, all'uscita della Liebiggasse erano andati in qualche locale per studenti a mangiare un panino, lui sempre con una domanda negli occhi, lei schiva, sfuggente. Un cerbiatto assediato da un paziente cacciatore, questa la sua storia con Rahimi, una storia quasi senza importanza che ora riaffiorava, indiscreta. Un incontro che sembrava non aver lasciato traccia.

Pensò ai tanti incontri rimasti apparentemente senza conseguenze per lei, e forse per gli altri, che però l'avevano arricchita di nuove consapevolezze, di una visione diversa del mondo e della vita. Anche Rahimi aveva avuto la sua parte in questo processo di maturazione. Strano che ne fosse cosciente soltanto dopo tutti questi anni.

Dalla finestra subito spalancata vide i rami alti di un vecchio albero, stranamente piantato in mezzo all'ampio cortile, e i muri di altri palazzi, privi di finestre, di balconi. Una fitta rete di edera ne ricopriva le pareti. Nonostante l'albero e il verde dell'edera, sentì un che di desolato in quest'interno, e non seppe spiegarsene il motivo. Sarà la mancanza di finestre, di balconi, di presenza umana, pensò, o forse perché il retro dei palazzi mostra sempre il lato più misero, meno curato dagli architetti.

Una stanza anonima, senza un pizzico di originalità, del tutto priva di quello stile, di quel gusto un po' demodé tipico della Vienna degli anni Sessanta che aveva conosciuto; un albergo moderno messo lì, del tutto fuori posto, sulla Favoritenstrasse, fra palazzi risalenti alla fine del secolo scorso, carichi di Storia e di storie di vite che hanno lasciato tracce indelebili.

Se ne stava seduta su una poltroncina di tela grigia, amorfa, e guardava attraverso la finestra la cima di quell'unico albero solitario, imprigionato in un cortile di città, anche lui albergo per qualche uccello di passaggio, o fissa dimora di qualche insetto.

„Devo uscire da questa stanza.

Che cosa mi paralizza? La città mi aspetta. Devo ritrovare le strade, le mille scale dei miei sogni. Sono qui per questo, per rivedere le tante strade che ho percorso in sogno tutta una vita."

Uscì, finalmente, sulla Favoritenstrasse. Il cielo azzurro, il sole non così caldo come quello che aveva lasciato in Sicilia, ma ugualmente luminoso, l'aria frizzante, quasi autunnale, benché l'estate non fosse del tutto finita. „Anche questa volta ho avuto fortuna" pensò, „proprio una bella giornata." Partendo però non aveva tenuto conto del cambiamento di clima, e neanche un paio di calze nella valigia! Possibile che si debbano ripetere sempre gli stessi errori, anche a distanza di quarant'anni?

Ormai sulla strada notò con sorpresa il segno di una metropolitana; allora non c'era nessuna metropolitana, solo tram, molti tram che attraversavano la città.

Prima di intraprendere quel viaggio aveva fatto un piano dettagliato dei luoghi che voleva rivedere e la prima tappa di questo strano pellegrinaggio sarebbe stata la Böcklinstrasse.

Fra l'altro ora sapeva anche chi era stato quel signor Böcklin: un pittore di Basilea, vissuto però in Germania e in Italia dove era anche morto nel 1901. Lo aveva scoperto a Winterthur, dove era andata una volta insieme a Lise, proprio di ritorno da quel disastroso viaggio per il compleanno della zia, il suo primo approccio con la Svizzera. Lise voleva che avesse almeno una piccola impressione del suo paese, così subito dopo Zurigo si era fermata a Winterthur. Senza contare che l'ora di pranzo era passata da un bel pezzo. Avevano trovato un piccolo ristorante assai caratteristico dove era ancora possibile mangiare qualche piccola cosa. Lise le aveva consigliato di prendere Rösti e certe deliziose salcicce, tipiche del luogo, delle quali conservava ancora un ottimo ricordo.

E poi erano andate al museo per vedere 'L'isola dei morti', un Böcklin assai famoso, che Lise amava in modo particolare, ispirato dall'isola di Ischia. Lo stesso quadro, con piccolissime variazioni, lo aveva rivisto a Basilea, anni dopo. Era stato come ritrovare un vecchio amico. Anche lei aveva imparato ad amare quel quadro. Il pittore aveva trattato lo stesso soggetto ben quattro o cinque volte. Un tema assai tetro che doveva averlo affascinato tanto da non potersene liberare. La stessa ossessione di Garcia Lorca, che vedeva ovunque la morte.

Varie volte, nel corso degli anni, ripensando alla Böcklinstrasse era riemersa l'immagine di quell'isola dei morti, il viaggio in quel momento particolare della sua vita, e i versi del poeta spagnolo tanto amato da Lise.

Anche lei aveva un'ossessione. Forse un presentimento di morte precoce.

Si fermò un momento, travolta da un'ondata di ricordi: „Dio, come farò a sopravvivere questi giorni."

Decise infine di prendere la metropolitana e si avviò.

Cercò la linea per il Praterstern: ricordava la fermata del tram, a qualche minuto dalla Böcklinstrasse. Salita sul primo treno della metropolitana, un nome annunciato da una voce meccanica, 'Taubstummengasse', la fece sobbalzare. Senza riflettere un momento scese a precipizio e dopo qualche minuto si ritrovò sulla strada. Non ricordava il numero del palazzo, ma riconobbe subito la casa, il portone padronale. In un lampo rivide le scale buie e il vecchio ascensore traballante. Un vuoto improvviso: Lise, l'amica di tutta una vita, non era più. Sette anni prima le era stata comunicata la sua scomparsa. Aveva fatto in tempo a partecipare al funerale ed era stato tutto. E pensare che la madre di lei, la signora Gavin, ultranovantenne, quasi del tutto demente, viveva ancora, in un ospizio per vecchi. Anche il fratello di Lise era morto, da qualche parte nel mondo. Di quella famiglia non era rimasto più nessuno.

Nel suo pellegrinaggio non aveva incluso la Taubstummengasse, forse per non confrontarsi una volta di più con la perdita dell'amica, col vuoto incolmabile e il rimorso di non aver avuto il coraggio di rivederla prima della dipartita. E ora era qui, sola, davanti a questo portone.

Varie volte Lise le aveva proposto un viaggio a Vienna, insieme, loro due sole, e sempre aveva dovuto rimandare; il marito non vedeva di buon occhio la sua amicizia con quella donna straniera, stravagante, troppo libera per i suoi gusti, così diversa dai canoni rassicuranti della brava donna di casa dai quali non si sarebbe mai allontanato. Una donna che ha avuto il coraggio di divorziare per ben tre volte, ripeteva, per poi restare sola, senza figli, che donna è? Tre uomini, a breve distanza l'uno dall'altro... una donna insaziabile. Questo il suo giudizio.

In realtà erano in gioco altri motivi.

Lui non sapeva dell'angoscia che aveva accompagnato ogni fallimento, ogni separazione. La ricerca sempre ansiosa dell'uomo che avrebbe dovuto assumere il ruolo per lei stessa non chiaro del padre, che appena ricordava, e del compagno amoroso sempre disponibile, comprensivo. In realtà le mancava quella figura maschile nella quale solitamente le bambine e le donne poi usano proiettare i loro desideri, per costruirsi in qualche modo un'idea di come deve essere un uomo. Si innamorava sempre della persona sbagliata, come sentenziava la madre.

E c'era anche il problema della sua indipendenza. Perché alla sua libertà non avrebbe mai rinunciato, per nessun uomo al mondo. In questo non dissimile dalla madre. Ma forse si trattava d'altro e cioè la sua incapacità di perdersi in un'altra persona permettendosi di amare, e anche di concedersi; magari era proprio questa la causa delle sue ripetute delusioni: il troppo idealizzare un rapporto amoroso, senza superare la prima fase dell'innamoramento. Infatti il vero incontro con l'essere umano significava per lei un momento di rottura, e anche di rinuncia. Dopo tanti anni di amicizia, di intimità, Ermelinda non era mai riuscita a chiarire la vera essenza di quella persona e anche dopo, in retrospettiva, quando ormai non avrebbe più potuto incontrarla, parlare, cercare di capire, restava sempre un problema non risolto. Ogni volta che pensava a lei era costretta a concludere che non esiste niente di più inspiegabile di un essere umano.

Qualche giorno prima, mettendo ordine fra i suoi libri, era saltato fuori un volumetto, *Eine blassblaue Frauenschrift,* di Franz Werfel. Sulla prima pagina una dedica assai laconica, una scrittura decisa. 'A Ermelinda da Lise, Vienna 1964'. Allora, in quel lontano 1964, aveva letto con difficoltà quel libriccino. Non era arrivata alla fine e aveva capito assai poco. Chissà cosa aveva spinto l'amica a regalarle proprio quel libro: un presagio, una strana chiaroveggenza?

Anni dopo, in una libreria di Catania, fu attratta dalla copertina azzurra di un libretto dello stesso autore, questa volta in italiano, *Una scrittura femminile azzurro pallido.* Su un fondo celeste chiaro spiccava il ritratto di una fanciulla vestita di azzurro, i capelli folti, neri e un visetto innocente. Si trattava di un pastello del pittore e scenografo francese Christian Bérard.

Avrebbe potuto essere lei stessa, da ragazza, tale era la somiglianza.

Non volle comprarlo. Perché avrebbe dovuto?

Ma non riusciva a toglierselo dalla testa.

Così qualche giorno dopo tornò in libreria e comprò quel piccolo libro. Lo portò a casa quasi vergognandosi come una ladra; lo nascose in mezzo ad altri libri e cercò di dimenticarlo. Non voleva leggerlo per una sorta di scaramanzia, forse temendo di scongiurare tempi ormai lontani, appartenenti a un'altra persona, a quella che era stata, come nel ritratto di Bérard, e non era più.

Così le rimase un'idea assai confusa di quella scrittura femminile azzurro pallido e non capì perché fosse tanto piaciuta a Lise.

Ora cercò la traduzione italiana comprata anni prima e la lesse, fino in fondo. E capì. Almeno credette di capire. Il protagonista, impiegato statale, alto funzionario di un Ministero, un bell'uomo, vanitoso, superficiale, sposato con una donna ricchissima, ha una relazione extraconiugale con una giovane ebrea; vigliaccheria, incapacità di affrontare una separazione, debolezza di carattere e conseguente fuga... a chi aveva voluto alludere Lise? Michael, pur non essendo un alto funzionario, era impiegato statale e sposato. C'era stata una fuga, questo sì, una separazione definitiva e un silenzio inesplicabile che l'aveva ferita più di un vero abbandono.

Basta, non potevano esserci altre coincidenze.

La lettura di quel libriccino però aveva sconvolto il suo equilibrio che, anche se precario, purtuttavia le assicurava una certa tranquillità raggiunta attraverso una quotidianità ripetitiva, incontri insignificanti, compiti immaginari, ma necessari per riempire il grande vuoto che sempre più si allargava. Di punto in bianco decise di farla finita; ora voleva sapere. Ecco perché aveva intrapreso quel viaggio: voleva finalmente sapere, avere quelle certezze che avrebbero chiarito i dubbi di una vita. Niente altro.

Attraversò la strada e si avvicinò al portone. Chiuso. Allora era sempre aperto, tutto il giorno, fino alle nove di sera. Aggrediva sempre quelle scale prendendo i gradini a due a due, affannosamente. Gradini bassi, di legno, già consumati dall'uso. Quante volte li aveva rivisti in sogno.

L'ultima o meglio la penultima volta fu il 20 dicembre, due giorni prima della sua partenza. Lise aveva voluto dare una gran festa d'addio.

Ricordò confusamente il sontuoso buffet che l'amica aveva ordinato in un ristorante della Schwarzenbergplatz – erano state fornite persino le stoviglie necessarie – su cui si erano buttati ingordamente gli ospiti, tutti studenti non abituati a vedere tale abbondanza. Era seguita poi una scena recitata da Lise insieme a un collega, che avevano preparato all'Accademia; ricordò il coltello che Lise aveva preso furtivamente dalla tavola apparecchiata per nasconderlo dietro la schiena, e la sua sorpresa. Che intenzioni aveva? Il collega le venne incontro con la chiara intenzione di abbracciarla, Lise si buttò nelle sue braccia e nello stesso momento, con gesto repentino e inatteso, lo pugnalò alla schiena. Il giovane cadde quasi lo avesse colpito il fulmine. Ermelinda lanciò un grido, sinceramente spaventata, anche perché il giovane non dava segni di vita. Lise piuttosto turbata uscì subito dal ruolo e si precipitò su di lui, scuotendolo, gridando:

«Non volevo ferirti… ti ho appena sfiorato!»

Gli ospiti, sazi e dopo alcuni bicchieri di vino più che mai soddisfatti, fino a quel momento avevano partecipato ridendo e commentando ad alta voce ogni gesto, ogni movimento dei colleghi – conoscevano la scena, la fine del secondo atto della Tosca, ora solo mimata e senza musica. Di colpo sentirono che c'era un fuori programma non previsto dalla regia. Un soffio di aria gelida attraversò la stanza, sbollendo l'atmosfera alquanto surriscaldata: ora tutti tenevano il fiato, in attesa di nuovi rivolgimenti.

Dopo qualche minuto il finto morto si alzò, un po' imbarazzato dalle reazioni dei colleghi e cercò di scherzarci su:

«Ci sei cascata! Ci siete cascati tutti! Ammettilo, ti sei spaventata sul serio, nonostante sapessi di non avermi neanche toccato… e voi anche.»

Al che seguirono applausi e risate. Tutti convinti di non aver creduto alla messa in scena del collega, ma di aver recitato anche loro una parte.

La festa però si concluse con un éclat spiacevolissimo. Lise aveva invitato due italiani in onore di Ermelinda, un collega dell'Accademia e uno studente di giurisprudenza, conosciuto chissà dove. Il collega, milanese, un tipo piuttosto arrogante e irrequieto, continuava a dare fastidio a tutti, con battute alquanto grossolane e fuori posto contro gli austriaci e il loro passato, secondo lui ancora presente nonostante fossero trascorsi quasi vent'anni.

«Il vero nazismo è nato qui, in questa bella città decadente e putrefatta. Il razzismo, l'antisemitismo, Hitler e compagni, tutto ha avuto origine in questa città e sono convinto che i vecchi nazisti sono ancora qui, nei posti di comando, come prima. Aspettano soltanto un'occasione favorevole per riprovarci...» Battute che venivano sistematicamente ignorate o forse non capite per via del suo tedesco più che approssimativo. Alla fine, sentendo l'indifferenza generale prese a sbeffeggiare l'altro italiano, che se ne era stato tutto il tempo appartato in un angolo, occupato solo a mangiare. Già da qualche ora lo aveva preso di mira stuzzicandolo per tirarlo dalla sua parte contro gli austriaci. L'altro, un tipo scontroso, dal fare piuttosto contadinesco, continuava a rimpinzarsi con gli ultimi resti rimasti sulla tavola, cercando di ignorarlo, facendo anzi finta di non capirlo. In realtà era molto irritato, in procinto di scoppiare. Ad una ennesima provocazione si rivolse a Lise, in tedesco, e a voce alta dichiarò che con un fascista non voleva avere niente a che fare. L'altro capì e subito reagì con violenza.

«Io sono comunista e non permetto a nessuno di insultarmi. Se sei italiano, perché non rispondi, perché non parli italiano?»

Sempre rivolto a Lise, il giovanotto, ancora in tedesco, rispose di non essere italiano, ma ladino.

Non l'avesse mai detto.

«E che cosa sono i ladini? Italiani, niente altro che italiani. Lo sanno tutti e tu sei un altoatesino, uno sporco nazista come i tuoi compaesani. Ecco perché non rispondi.» Il giovanotto, come tutta risposta, gli sferrò un pugno in piena faccia. L'altro, di equilibrio piuttosto precario per il troppo vino bevuto, finì a gambe all'aria fra gli urli di spavento delle ragazze. Sembrava che non si fosse aspettato altro. Partirono pugni, calci, morsi in un parapiglia generale, dato che gli altri studenti, intervenuti per separarli, finirono col venirne coinvolti.

In mezzo a questo cataclisma si sentì il campanello della porta suonare con insistenza, evidentemente qualcuno che non aveva tempo da perdere. O forse la polizia. Subentrò un momento di tregua mentre Lise correva ad aprire. Si sentì la risata e la voce di Brixi già dal corridoio:

«Perché non apra nessuna? È da un'ora che suona questa maledette campanella. Così ricevi li ospite?» ed entrò nella stanza. Il gruppo si sciolse mentre ognuno cercava di riordinare i vestiti, i capelli, l'espressione del viso.

«Ma che succeda qui? State litigando?» E giù un'altra risata. Era accompagnata dal suo amico italiano, vestito di nero, col cappotto sul braccio e la sciarpa bianca al collo: quasi una figura da operetta.

Brixi era splendida. Una sontuosa giacca di volpi bianche, un abito da sera, lungo, nero, attillatissimo, pieno di paillettes, un décolleté mozzafiato. Scostò un poco la giacca per mostrare una spalla nuda, continuando a ridere sguaiatamente; una vera primadonna, bellissima, fiera di sé, del proprio corpo, del vestito e soprattutto dell'effetto che era riuscita a suscitare in quel gruppo di scalmanati.

«Avevi detta che fai una festa... è così che fa festa?» e si guardò intorno con alterigia: nessuno in abito da sera, nessuno che avesse almeno qualcosa di più decente di quello che indossava per le lezioni all'Accademia. Tutti studenti con pochissimi soldi e pochissime pretese di lusso e di eleganza. Dopo una rapida occhiata sulla tavola ormai quasi vuota, arricciò il naso, prese il braccio del suo accompagnatore e si avviò verso l'uscita.

«Meglio andare a cena in restoranta, qui non c'è più niente da mangiare.»

La festa si concluse dopo qualche minuto. Nonostante fosse tornata la calma e ancora nessuno riuscisse a realizzare la straordinaria apparizione di Brixi, che tutti più o meno conoscevano, Lise, con un tono di comando nuovo in lei, cominciò a congedare i suoi ospiti. Era stanca, disse, e doveva ancora mettere ordine dato che un cameriere del ristorante sarebbe venuto in serata a riprendere la roba. Si sarebbero rivisti dopo le vacanze di Natale, al suo ritorno dalla Svizzera.

Ermelinda restò sola con lei, l'aiutò a raccogliere i resti, a sistemare i piatti sporchi, le posate, i bicchieri nelle scatole lasciate dal ristorante, senza una parola, sconvolta da quella scena che non aveva assolutamente capito.

Lise disse di aver letto sul giornale di certi attentati proprio in Alto Adige contro il governo italiano; qualche anno prima erano addirittura saltati molti tralicci delle centrali elettriche lasciando al buio mezza Lombardia, ma non sapeva altro, anche perché la cosa non l'interessava più di tanto. Quel giovanotto ricercato dalla polizia, era fuggito clandestinamente oltrepassando il confine italiano e si era rifugiato in Austria, come altri suoi confratelli. Aggiunse di conoscere un po' il problema dei ladini. Anche in Svizzera c'era un cantone, quello dei Grigioni, dove si parlava una lingua retoromanica, paragonabile al ladino, riconosciuta però ufficialmente insieme alle altre tre.

Gli italiani non avevano saputo risolvere il problema delle lingue, concluse, e sorrise, ambigua, come sempre.

Si scosse.

Ancora adesso, a distanza di anni, ferma davanti a quel portone chiuso, non riusciva a capire la reazione di quello studente di giurisprudenza, un ladino che diceva di non essere italiano, ma che capiva perfettamente la lingua italiana. E parlava tedesco. Lise aveva detto che gli italiani non avevano saputo risolvere il problema delle lingue, a quali lingue si riferiva? Lei non era mai stata in Alto Adige, troppo lontano.

Il pensiero di Lise non la lasciava: Vienna e Lise, un binomio indissolubile per lei.

Proseguì per la Taubstummengasse e, senza sapere come, attraversò la Schwarzenbergplatz e si ritrovò lungo i muri dei giardini del Belvedere, sul Rennweg. Camminava come in sogno, un tragitto compiuto tante volte insieme all'amica ma anche da sola, quando andava a prenderla alla Metternichgasse per andare nella vicina Konzerthaus o più avanti nella Musikvereinsaal o anche all'Opera.

Riconobbe la porticina d'ingresso. Adesso per la prima volta lesse su una targa che si trattava del Palais Bourgoing, costruito alla fine dell'Ottocento, che negli anni Cinquanta era stato annesso all'Accademia di musica, sezione Canto e Opera. Entrò ma il portiere la informò subito che l'Accademia di Musica era ormai da anni una Università e che la sezione canto e opera si era trasferita a Schönbrunn. Qui adesso si insegnava solo musica strumentale.

Non era permesso visitare il palazzo, poteva solo dare un'occhiata lungo la scala, stretta, di legno, chiaramente scala di servizio.

Qui si era conclusa la carriera, neanche incominciata, di Lise.

Lise infatti, pur possedendo una bella voce, non aveva la stoffa della cantante, o meglio, più che di stoffa, si trattava di carattere, cioè di tutto quell'insieme di pezzetti di puzzle che alla fine formano la personalità di un artista. Si era illusa, aveva voluto mettersi alla prova e già il primo incontro con la sua nuova maestra di canto, una personalità di prestigio nell'ambito dell'Accademia, si era concluso con un fallimento. Aveva studiato in Svizzera qualche anno, per prepararsi all'esame viennese, e nonostante lo scetticismo della madre, che considerava quell'avventura canora solo un capriccio giovanile, era partita piena di entusiasmo, di progetti per il futuro. Il primo contrasto nacque con la classificazione della sua voce: lei, convinta di essere un mezzosoprano, venne giudicata dalla nuova maestra un soprano leggero. Un vero affronto. Per spiegare all'amica del tutto digiuna di musica e di voci, la differenza che passa fra un mezzosoprano e un soprano leggero, se l'era trascinata varie volte alla Staatsoper e la prima opera che videro insieme fu l'*Ariadne auf Naxos*, appunto perché la sua insegnante pretendeva che lei studiasse l'aria di Zerbinetta, un'aria di estrema difficoltà, per soprano leggero. Videro quell'opera ben cinque volte di seguito e Lise era ogni volta elettrizzata.

«La senti? Credi che io possa cantare una cosa simile? Mi ci vedi in un ruolo simile? Il Componist, quello è il mio ruolo e nessun altro. E poi per cantare un'aria come la Zerbinetta è necessario studiare una decina di anni, e anche per il Componist. Io non sono pronta né per l'una né per l'altro.»

Ma non finiva qui. Dopo ogni serata si esaltava sul mondo letterario di Hoffmanstahl, sulla sua estetica teatrale espressa tutta nella lunga aria del Componist e poi su Strauss, sulla missione sociale dell'opera come forma artistica completa, e via di questo passo.

Lise, attenta a tutta la vita culturale viennese, sia teatrale che artistica, non mancava di portarsi dietro l'amica oltre che a concerti, opere, e operette (diceva che il mondo senza operette sarebbe stato un pochino più povero) anche ai molti musei della città, aprendole gli occhi alla pittura antica ma anche a quella contemporanea.

Ancora a distanza di quarant'anni, ricordava una stranissima mostra che l'aveva colpita per l'uniformità del soggetto trattato: una serie di quadri tutti rappresentanti una spirale. Sempre e solo spirali, in vari colori. Non aveva capito niente, benché Lise si fosse data un gran da fare per spiegarle il senso di quelle spirali, l'ossessione che ci stava dietro, un'ossessione puramente formale però, che nascondeva significati assai reconditi, di certo sconosciuti all'artista stesso. Il pubblico poteva vedere quei segni come spirali e niente altro, ma erano possibili altre interpretazioni, scendendo sul piano dell'inconscio, a discrezione delle possibilità intellettuali di chi guardava. Per lei si trattava di una ricerca del tutto universale, in un continuo girare su un tema fisso.

Ermelinda assorbiva quelle lezioni di cultura mitteleuropea come una spugna e sentiva i limiti della propria istruzione, la ristrettezza delle sue vedute. Era affascinata da quel mondo, dalle tante persone di diverse nazionalità che in quei pochi mesi aveva conosciuto, ma soprattutto dagli artisti, tutti colleghi o amici di Lise, ognuno con una propria ossessione, un modo di esprimersi originale. Forse soltanto stravagante. Tutti però parlavano e straparlavano il più delle volte guidati solo dal piacere di scioccare la ragazza di provincia, di sorprenderla, di estorcere un'ammirazione che era facile leggere in quegli occhi ingenui, in dubbio se credere o non credere in quella genialità misconosciuta. Tutti erano convinti di essere sul punto di spiccare il grande salto nella notorietà e quindi nella ricchezza.

Dove erano finiti tutti quegli artisti incompresi, che vita avevano fatto, passati gli anni giovanili, in attesa del grande futuro? Chi di loro si era salvato in una vita borghese, con famiglia e figli, una casetta con tre stanze e una cantina piena di ricordi, di sogni rimasti tali? Quarant'anni dopo, non avrebbe riconosciuto nessuno di quei grandi sognatori, avviliti dalle necessità quotidiane, forse perfino dimentichi delle aspirazioni artistiche di un tempo.

Uscì alla luce di quella splendida giornata di fine estate. Quelle scale scure, l'ingresso, il portiere che continuava a parlare in una sorta di cantilena tipicamente viennese, che lei non avrebbe mai capito, il tono annoiato, l'avevano riportata di colpo all'atmosfera di allora, quando ogni volta doveva spiegare il motivo della sua visita ai vari custodi divertiti dal suo tedesco traballante, ma anche affascinati da quegli occhi scuri, appassionati e nello stesso tempo ignari del mondo.

Svoltò l'angolo e cercò sul Rennweg un piccolo Caffè dove era solita aspettare l'amica, dove a volte si davano appuntamento proprio per evitare il posto di blocco in portineria.

Lise aveva un numero rispettabile di corteggiatori e spesso trascorreva le ore fra una lezione e l'altra in compagnia di qualche collega, ma molto più spesso con un pianista, un inglese alto e magro, che si distingueva da tutti gli altri soprattutto per via di una stravagante mantella gettata sulle spalle, proprio come un cavaliere errante. Con lui parlava inglese, naturalmente con un forte accento francese, che divertiva il pianista. Ermelinda aveva pensato che fra i due ci fosse qualcosa di particolare, ma Lise reagì come d'abitudine, ridendo ironicamente:

«Proprio quello? Ma che pensi? Non ti sei accorta che è un bisessuale?»

Ermelinda non aveva battuto ciglio. Un bisessuale. Che roba è questa? aveva subito pensato.

Non trovò il locale. Forse era stato trasformato in un negozio, o forse non ricordava più il luogo preciso.

Scese sul Ring. Pensò di andare a mangiare un panino dal Dr. Barry. Neanche questo locale esisteva più.

Soltanto adesso si accorse di quanto fosse cambiata la città: una quantità di gente per strada, gente giovane, ben vestita come in altre città europee, affaccendata, piena di energia positiva. Una generazione sicura di sé, disposta a guardare in faccia il presente e il futuro, in ogni caso quanto mai decisa a non volgere neanche uno sguardo indietro. Finalmente, dopo quasi cento anni di sconvolgimenti, di catastrofi di ogni genere, i viennesi erano riusciti a scuotersi di dosso la polvere asburgica che ancora poco tempo prima aveva coperto la città di uno strato grigio, pesante.

Allora Lise aveva giudicato molto severamente questa gente, lo ricordava ancora, la loro incapacità di accettare la fine della monarchia e con essa la fine di un'epoca in seguito al primo grande errore: la Grande Guerra. I paesi vincitori avevano smembrato l'enorme piovra riducendo al minimo i suoi confini. Un Impero che aveva dominato su ben undici popoli diversi, che fino a quel momento aveva giocato un ruolo importante nella politica europea, era stato messo a tacere, anzi dimenticato, ignorato dal resto del mondo civile. E poi il secondo grande errore: la sua identificazione con la Germania nazista, la sua smania di grandezza a fianco del grande fratello, prima suo rivale, e la conseguente rovina. Porta a porta con una potentissima Unione Sovietica, non le restava ora che un ruolo meno che secondario nella grande scacchiera internazionale.

Anche la Svizzera era un piccolo paese da un punto di vista territoriale, come diceva sempre Lise, la metà dell'Austria, ma non certo per importanza nel mondo. In realtà l'Austria non aveva mai posseduto una vera identità nazionale, questa l'origine di tutti i suoi mali – e Lise rideva con la solita ironia – cosa che non si poteva dire degli svizzeri.

Ora sembrava essersi svegliata da un lungo sonno: sembrava una nazione giovane, con una ritrovata identità e una nuova apertura al mondo civile. Al centro e parte di una vecchia Europa unita, economicamente stabile e non più isolata dal grande giro internazionale, non era più relegata a zona di confine fra l'Est e il resto del mondo. Ora sembrava pronta per il gran salto nel futuro, usando anche le tradizioni di un passato più remoto, quello del quale ricominciava ad essere fiera. Ignorava però, con caparbietà, il buco nero di certi anni non tanto lontani: secondo un'opinione molto diffusa in tutto il Paese, gli austriaci continuavano a considerarsi vittime, anzi le prime vittime del regime nazista, dimentichi dell'entusiasmo con il quale era stato accolto dalla maggioranza della popolazione.

I vecchi palazzi, ricchi di tradizione e storia, negli ultimi venti anni erano stati restaurati, rimessi a nuovo in tutto il loro splendore, e altri ne erano sorti, moderni, in vetro e cemento, assai brutti, situati senza alcun senso estetico, al posto di quelli fine Ottocento, forse scomodi o difficili da risanare. Magari distrutti dalla guerra.

In ogni caso, una città affascinante, sconosciuta, in cui Ermelinda non sapeva più ritrovarsi. Dove erano finite le tante vetrine polverose dove era possibile vedere qualche borsa di plastica come usava negli anni Cinquanta; o magliette che sembravano fatte in casa; biancheria ricamata a mano e altra roba di prima della guerra, che perfino per una provinciale come Ermelinda avevano un'aria decisamente antiquata. Quelle vetrine erano incorniciate di legno scuro bombato, come nell'Ottocento, e le porticine d'ingresso, mezzo sgangherate, al minimo movimento mettevano in moto una campanella che annunciava un possibile cliente. Immancabile su ogni porta una targhetta di smalto con su scritto *'Achtung Stufe'*[8], blu su bianco. Anche quegli inutili scalini, insieme alle vetrine di legno bombato erano sparite, o forse rimaste in qualche negozio alla periferia della città. In ogni caso la Kärtnerstrasse, la strada dei negozi eleganti, cercava di riguadagnare il tempo perduto con un'esplosione di modernità, spesso pacchiana, di tipo internazionale, che in qualche modo stonava con tutto il resto.

Arrivò al Graben e svoltò nella prima strada a sinistra: ricordava un piccolo locale dove era andata varie volte con Lise a mangiare dei deliziosi tramezzini. Non ricordò il nome difficile da pronunciare, qualcosa come Zeniski...ma sapeva che era subito dopo l'angolo, sulla sinistra: e infatti era ancora lì. Tirò un sospiro di sollievo. Qualcosa era rimasto. Il locale continuava a essere strettissimo, scuro, mai rimesso a nuovo, frequentato da moltissime signore che avevano fatto acquisti, in mano pacchetti e sacche di carta lucente con i

[8]Attenzione: scalino

nomi più prestigiosi della moda. Qui non era cambiato nulla. Soltanto il pubblico era diverso, molto ben vestito. Non più sacchetti di plastica e pelliccette spelacchiate, mezzo rose dai tarli: ora sfoggiava abiti all'ultima moda, scarpe eleganti e borsette di pelle. Dimenticata l'aria di depressione e miseria, che ancora si sentiva all'inizio degli anni Sessanta.

Dal Graben proseguì per il Kohlmarkt e di colpo il suo cuore smise quasi di battere: Michaelerplatz. I suoi piedi l'avevano portata da soli, senza chiedere niente, guidati da una volontà che non avrebbe sospettato di avere.

Entrò in chiesa, e cercò l'immagine della Madonna col Bambino, la Maria Candia che l'aveva tanto impressionata quarant'anni prima. Scoprì una grande decorazione, forse di gesso, che dominava sull'altare maggiore e rappresentava in modo assai drammatico la caduta di un Angelo. Strano che allora avesse fissato tutta la sua attenzione solo sull'icona della Madonna. Forse la rappresentazione della grande caduta dell'Angelo in quel particolare momento della sua vita avrebbe acquistato un significato troppo simbolico. Sta di fatto che non aveva notato la grande cornice, bianca, che circondava l'immagine, del resto piccola e tutt'altro che dominante, della Madonna. Ora restò abbagliata da tanto sfarzo barocco, che neanche in Sicilia ha l'eguale.

No. Non aveva previsto di tornare qui, subito, il primo giorno. Uscì dalla chiesa. Sapeva di essere vicina alla Nationalbibliotek. Andare, chiedere del Dr. Springer, sicuramente in pensione, cercare di avere il suo indirizzo privato. Quanti anni poteva avere adesso? Dieci o quindici più di lei, non ricordava più.

Viveva ancora?

E... si ricordava di lei?

Salì la grande scalinata col cuore in gola.

„Mi viene l'affanno, come allora. Quando si superano queste cose? Mai?"

In portineria non si meravigliarono affatto della sua richiesta, la pregarono cortesemente di aspettare mentre cercavano su una lista di nomi un numero telefonico. Scambiarono qualche parola al telefono e come la cosa più naturale del mondo, la invitarono a salire al secondo piano. Che prendesse l'ascensore, si affrettarono a dire.

Ermelinda non sapeva se stava sognando.

L'ascensore stretto, tutt'altro che elegante, chiaramente serviva soltanto per il personale della biblioteca.

Si ritrovò su un corridoio piuttosto buio e si fermò un momento, indecisa sulla direzione da prendere. Non ricordava questo corridoio, la fila di porte chiuse, l'aria polverosa, e il silenzio. Da qualche parte si aprì una porta. Un uomo sulla soglia guardava a destra, a sinistra. La vide e subito le venne incontro.

«Stephan Wieser. *Was kann ich für Sie tun*?» Ermelinda inghiottì, la gola secca.

«Non so se potrà aiutarmi...»

«Ah, lei è italiana. Cosa posso fare per lei? Ma non restiamo qui, la prego, si accomodi. Le faccio strada.» E si avviò verso la porta aperta. Ermelinda, molto impacciata, lo seguì. I suoi piedi non toccavano terra. Tutto si svolgeva come in uno dei tanti sogni che per anni avevano occupato le sue notti.

Il Dr. Wieser intanto con la galanteria tipica dei viennesi, la invitò ad entrare e chiuse la porta dietro le sue spalle. Si avvicinò alla sua scrivania e aspettò che lei prendesse posto su una sedia che le indicò con gesto assai ossequioso. Infine si sedette anche lui e la guardò con curiosità, in attesa, le mani appoggiate sul piano del tavolo.

Ermelinda finalmente lo guardò in faccia, un po' rinfrancata: non aveva riconosciuto la stanza dove quarant'anni prima era stata introdotta da Michael Springer, un luogo che nel ricordo è sempre più sbiadito, senza chiari contorni: luci e ombre, che avevano condizionato la sua vita.

Intanto il Dr. Wieser continuava ad aspettare ed Ermelinda si rese conto di essere lei a dover interrompere il silenzio.

«Sono stata qui, o forse non proprio qui, tanti, tanti anni fa... scusi il mio imbarazzo, ma sono commossa, dopo tanto tempo... rifare queste scale, rivedere questo corridoio e... io cercavo il Dr Springer, ma credo sia già in pensione.»

«Infatti, al telefono mi è stato appunto richiesto di metterla in contatto col Dr Springer... è stato mio collega prima che andasse in pensione.»

«Lei parla perfettamente italiano, complimenti.»

«Ho sempre amato l'Italia, la sua cultura, la lingua. Ho studiato romanistica e posso dire che non passa un anno senza che non faccia un salto oltre le Alpi. Non resisterei a lungo qui, se non sapessi che posso trascorrere almeno un mese l'anno a Firenze, Roma... Lei di quale parte dell'Italia è?»

«Io vengo dalla Sicilia.»

«Dalla Sicilia! Tante volte ho progettato un viaggio da quelle parti, ma poi, per una serie di circostanze... più che altro per una questione di tempo, non sono mai sceso più giù di Roma... penso però che lei voglia parlare col Dr Springer, ho qui il suo numero. Spero di trovarlo in casa.» Aprì la sua agenda e cercò il nome, infine digitò il numero e si mise in ascolto. Ermelinda capì che spiegava il motivo della sua telefonata, poi allontanò la cornetta dall'orecchio (qui avevano ancora i telefoni di una volta) e con un lampo di complicità negli occhi, chiese:

«Non so il suo nome... vorrebbe sapere il suo nome.»

Ermelinda si scusò di non essersi presentata. Ancora imbambolata, si guardava intorno quasi alla ricerca di qualche ricordo, qualche appiglio. Possibile che tutto fosse sparito in qualche angolo riposto della sua memoria?

L'uomo, forse una cinquantina d'anni, piuttosto insignificante, intanto continuava a chiacchierare al telefono, con leggerezza, lanciando ogni tanto qualche occhiata critica verso di lei. Cosa gli stava dicendo? Era chiaro che parlava di lei, magari gliela descriveva. Infine le passò la cornetta. Sentì la voce sonora di un uomo, una voce sconosciuta. Non aveva mai parlato al telefono con lui e poi, dopo tanti anni, magari aveva cambiato voce o non la ricordava più.

«Ermelinda. Mi senti? Ma che sorpresa! Dobbiamo assolutamente vederci... oggi stesso, potrei venire a Vienna... fra un'ora avrei un treno.»

La prima reazione fu di abbassare la cornetta e scappare. Poi balbettò:

«No. Oggi no. Domani, meglio domani.»

«Per me va bene anche domani. Andiamo a pranzo insieme. Ti va bene alle dodici? Al solito Kaffeehaus della Michaelerplatz. Da Griensteidl, ricordi?» Ermelinda accettò, confusa, sempre più scombussolata. Non ricordava quel locale e meno che mai il nome. Aveva il vago ricordo di un caffè, o meglio di un piccolo tavolo in una stanza separata e sapeva che non avrebbe saputo ritrovarlo. Forse Michael si stava confondendo con uno dei tanti Kaffeehaus frequentati allora. Domani avrebbe avuto tutto il tempo per cercare questo Griensteidl.

Uscendo dalla biblioteca sentì tutta la stanchezza di quella giornata, iniziata assai presto: si era alzata alle cinque, forse prima; in realtà non aveva chiuso occhio tutta la notte. In fondo si trattava di un nervosismo iniziato da alcuni giorni, da quando aveva deciso di fare questo viaggio.

Lentamente discese la grande scalinata di travertino e si ritrovò sulla Heldenplatz, confusa e disorientata. Proprio come allora.

Prese un taxi e si fece portare in albergo.

Un tuffo nel passato

„Non sono venuta qui per starmene chiusa in una stanza d'albergo. Devo uscire. La Böcklinstrasse. È lì che voglio andare. Devo riprendere la metropolitana e, questa volta, senza fermate intermedie."

Distesa sul letto guardava il soffitto cercando di riordinare i pensieri, le impressioni di quel primo giorno. Tornò sulla strada; il sole era più caldo che al mattino. Per un momento sentì di godere di quell'aria tiepida, non soffocante come nella sua città… non fosse stato per una sorta di ansia che le impediva perfino di respirare liberamente. La sua voce. Aveva sentito la sua voce e domani lo avrebbe rivisto. Anche lui sembrava ansioso o forse parlava sempre così. Tutto dimenticato, ora non sapeva più come era, prima.

Di colpo si rese conto di aver parlato con uno sconosciuto. Chi altro se non uno sconosciuto? „In realtà cosa sappiamo degli altri", pensò, „di tutti gli altri? Il mondo è pieno di sconosciuti e alla resa dei conti ci aggiriamo in una folla di ciechi, di sordi, noi stessi ciechi e sordi"

Sei fermate. Sentì annunciare la stazione Praterstern. Il tragitto era stato troppo breve. Col tram avrebbe impiegato molto di più, lo ricordava ancora, avrebbe attraversato varie strade, avrebbe avuto il tempo di prepararsi. Perse anche la fermata all'angolo della Radetzkyplatz. Si sentì defraudata. Radetzkyplatz e già venne travolta dai ricordi: il libro di un autore austriaco del quale aveva dimenticato il nome. Il titolo però era ancora presente: La Marcia di Radetzky.

Uscì dalla metropolitana come una che viene svegliata in piena notte e non sa cosa le stia accadendo.

Non ricordava di aver mai visto quella piazza. Col tram scendeva prima, attraversava a piedi il ponte sul Donaukanal o forse no. Si confuse: „Sono trascorsi troppi anni e tante cose sono cambiate, soprattutto il traffico; allora circolavano poche macchine, c'era anche poca gente in giro", si scusò con se stessa. Si avviò, passò il ponte, non trovò la strada. Tornò indietro, forse allora scendeva a una fermata prima o dopo. Chiese a qualche passante frettoloso. Nessuno conosceva la Böcklinstrasse. Ricordava solo che la strada era assai vicina al canale.

Una vecchia signora le venne incontro, usciva da un panificio. Doveva abitare da quelle parti. Infatti sapeva dov'era la Böcklinstrasse, ma le indicazioni, in tedesco, erano così complicate che rinunciò subito. Proseguì alla ventura. Una ragazza di una ventina d'anni le camminava quasi accanto; si fece forza e chiese ancora una volta: andava proprio in quella direzione, che venisse con lei! Dopo qualche minuto le fece segno, doveva solo svoltare l'angolo. Al saluto della ragazza rispose con un «*Danke schön*» di vecchia memoria, e restò sola.

La prima cosa che vide fu l'Accademia d'Arte. Non la ricordava così. A dire il vero, non la ricordava affatto. Cercò con gli occhi: qual era la sua casa? Doveva essere sull'altro lato del marciapiede, di fronte al parco. Infine ecco un magnifico palazzo padronale della fine del secolo, ben restaurato, molto elegante. Non poteva crederci. Si avvicinò e cercò il numero. Questa era la casa, le finestre sul piano rialzato, il parco di fronte dove gracchiavano le cornacchie.

Il portone chiuso. Un citofono che non ricordava, una lunga sfilza di nomi. Mancava naturalmente quello della Frau Baronin.

Chiudendo gli occhi le sembrò di vedere l'androne sontuoso, scuro, la porta d'entrata sulla destra, l'ingresso della casa anch'esso scuro, la piccola applique di fronte alla porta, il mobiletto col telefono che non aveva usato mai.

Da quell'ingresso partiva, sulla destra, un lungo corridoio stretto, quasi privo di luce nonostante la presenza di una o due finestre, non ricordava bene, che conduceva in cucina; anche questo uno strano locale angusto, pensato certamente solo per il personale di servizio; c'era una finestra lunga e stretta, chiusa da un inferriata che dava su un cortile, anch'esso privo di luce. Accanto alla finestra una cucina a gas risalente a tempi antidiluviani. La Frau Baronin dopo qualche giorno le aveva detto di stare attenta, perché avrebbe potuto dare fuoco a tutta la casa... „*Elle a été fraquassée par les Russes*", aveva aggiunto con tutto il disprezzo cui era capace. Ermelinda non aveva capito di che russi stesse parlando, ma non osò chiedere spiegazioni. Evitava il più possibile ogni discussione, non osando confrontarsi con lei, temeva, a ragione, i suoi rimproveri spesso meritati.

Di colpo, una scena dimenticata da anni. Lei, vergognosa e disperata, in mezzo alla sua stanza, in quella casa. Forse un mese dopo il suo arrivo aveva trovato uno dei famosi bigliettini. „*Il serait temps de faire le ménage*", c'era scritto e niente altro. In mezzo alla stanza un aspirapolvere, bene in vista. In un primo momento non aveva capito neanche di che cosa si trattasse. In casa sua non esisteva un aspirapolvere, senza dire che, anche nel caso ne avessero avuto uno, non avrebbe saputo come adoperarlo. Si vide costretta a chiedere spiegazioni... come dimenticare lo sguardo carico di disprezzo e i gesti nervosi, impazienti della Frau Baronin. Dopo qualche minuto si accorse che da quell'aggeggio infernale veniva fuori del fumo. Corse di nuovo a chiamare la padrona di casa che accorse furibonda. Ermelinda aveva raccolto anche alcuni tizzoni ancora ardenti, caduti dall'apertura della stufa, che la Frau Baronin si era degnata di accendere per lei. Una scena che ancora adesso la riempì di raccapriccio. In quell'occasione, e solo in quell'occasione, la Frau

Baronin si era lasciata andare al punto da coprirla di insulti in tedesco, e non più in francese. Ermelinda capì forse la metà, ma era bastato il tono, l'espressione del viso.

Raccontò l'episodio a Lise, non quello dell'aspirapolvere, per non coprirsi di ridicolo, ma della cucina a gas. Come dire che nella sua casa mancavano tutti gli elettrodomestici, lavatrice compresa? Loro avevano una lavandaia che veniva una volta la settimana per il bucato, una certa donna Carolina, piccola, anziana, dalle mani noccherute ma stranamente robuste, che aveva l'abitudine di raccontare storie inquietanti di donne incinte che avevano la *'voglia'* di mangiare il sapone, bianco come un pezzo di burro, che magari mangiavano con conseguenze assai immaginabili. La nonna proibiva ai bambini di ascoltare quei racconti perché, diceva, avrebbero provocato solo dei brutti sogni e poi la storia delle voglie non le piaceva affatto. Ma donna Carolina si offendeva, affermava che lei non si inventava niente, che quella donna aveva avuto una diarrea e che quasi perdeva il bambino. Ermelinda si era chiesta come si potesse perdere un bambino attraverso una forte diarrea, mentre una delle sorelline aveva addentato un pezzo di sapone, sputando però subito piena di disgusto. Donna Carolina sentenziò: chiaro, senza la *'voglia'* non poteva piacerle.

A Lise aveva chiesto che ci stavano a fare i russi in casa della Frau Baronin e come le avessero potuto distruggere la cucina a gas. Lise le raccontò che nel'45 gli alleati avevano occupato la città, dividendola poi in quattro settori: inglese, francese, americano e russo. Soltanto nel 1955 era stata restituita la sovranità al governo austriaco; il loro dopoguerra era durato ben più a lungo che in Germania. La casa della Frau Baronin, essendo nel quartiere occupato dai russi, era stata sicuramente requisita e devastata dai soldati.

Un'altra volta, passando insieme a lei dal secondo salone per andare nella sua stanza (la porta del bagno era stata chiusa a chiave, dall'interno, forse dalla Frau Baronin, che poi aveva dimenticato di riaprire) vide in un angolo un magnifico pianoforte a coda. La padrona si fermò un momento, passò una mano sulla superficie lucida, evidentemente restaurata, l'accarezzò con delicatezza, anzi con amore, quasi si fosse trattato di una creatura vivente:

«J'ai eu juste le temps de le sauver», disse, «*car ils voulaient en faire du bois á cheminée*!» Avevano già smontato il coperchio e qualcuno batteva furiosamente sui tasti per cercare di staccarne l'avorio. Quel rumore l'aveva messa in allarme. In cambio aveva offerto qualche sedia, poltrone e altri mobili.

«*Ils ont brúlee la moitié du mobilier»,* aggiunse amaramente.

Lei in tutti quegli anni aveva occupato la stessa stanza che adesso aveva affittato a Ermelinda, per la vicinanza col bagno e per via della porta d'ingresso. Era bene poter scappare, se necessario, aveva aggiunto con la solita aria irritata che non l'abbandonava mai.

Allora Ermelinda non aveva capito niente. La Frau Baronin non si dilungava in particolari, pensando che tutti sapessero cosa era accaduto neanche dieci anni prima nella sua casa, come in molte altre case viennesi.

In Sicilia nessuno sapeva di questi fatti. Appartenevano alla storia di un paese lontano che non interessava a nessuno.

Ripensò a quella cucina, spesso teatro di scene angoscianti nel mondo dei suoi sogni, benché, data la sua incapacità di prepararsi anche solo un uovo al tegamino, in realtà vi fosse entrata pochissime volte.

Dopo un primo mese di panini a pranzo e a cena, anche questi difficili da procurarsi, dato che tutti i formaggi e i salumi austriaci avevano per lei un odore e un sapore assai sospetto – ora dimagrita al punto da non riuscire a tenere su una gonna – pensò fosse il momento di trovare una soluzione migliore.

Rahimi era assente, una delle sorelle si sposava e aveva fatto un salto a Teheran. Soltanto allora si rese conto di quanto si fosse abituata a lui. Dopo le lezioni uscivano sempre insieme, Rahimi era diventato un po' la sua ombra e nessuno dei colleghi ormai tentava anche solo di avvicinarsi.

Ebbe un giorno di grande solitudine – Lise era occupata mattina e pomeriggio all'Accademia», uscita dalla Liebiggasse era subito andata alla Posta per spedire la solita lettera settimanale destinata ai genitori e alla nonna. Stranamente le costava sempre più fatica scrivere quelle lettere. La nostalgia dei primi giorni, il ricordo della famiglia, della casa, il dolore che aveva provato per quella separazione quasi forzata, tutto si attutiva, sbiadiva come di cosa accaduta anni prima. La vita qui, diversa, piena di incontri imprevedibili, di avvenimenti sempre nuovi ed elettrizzanti, avevano quasi cancellato il ricordo della sua vita passata, tranquilla, senza scosse, dove ogni giorno accadeva soltanto il prevedibile, quello che sarebbe accaduto anche negli anni futuri. Ma finché era lì non si era mai accorta della monotonia delle sue giornate, delle attese sempre uguali, dei desideri in piena assonanza con quelli delle persone con le quali viveva.

Davanti allo sportello della posta si mise in fila, seguendo l'esempio degli altri: qui la gente aveva la strana abitudine di mettersi sempre in fila, anche se ad aspettare erano solo due persone. Una vecchia signora, modestamente vestita, le chiese in tedesco se voleva andare a mangiare insieme a lei. Era stanca di mangiare sempre da sola, disse, e conosceva un posto dove per pochi soldi era possibile avere un pasto completo.

Durante quei quattro mesi aveva avuto spesso a che fare con vecchie signore che incontrava per strada, sul tram, al parco, Vienna allora era piena di vecchie signore sole, i mariti, i figli morti in guerra; i pochi giovani erano impegnati tutto il giorno. Era molto triste vedere quelle donne vestite male, in testa un cappelluccio passato di moda da una decina di anni – tutte, giovani e vecchie, portavano dei cappelli – una borsa di plastica infilata nel braccio, brutti stivaletti ai piedi. Ogni volta faceva il confronto con la nonna, anche lei una vecchietta, ma sempre ben tenuta, elegante, vivace, con una nota di civetteria che soltanto adesso scopriva. A casa era talmente abituata a lei che non si era accorta di questa sua particolarità.

Ora, ferma sul marciapiede della Böcklinstrasse, ripensò alla nonna, e rivide quella personcina gentile, svelta, sempre in attività. Da quanto tempo era sparita dalla sua memoria? Da quanti anni era morta? Come si fa a dimenticare le persone che ci hanno accompagnato per un buon tratto di vita, circondandoci di calore e di affetto?

Lei aveva fiducia nelle vecchie signore e ci doveva essere qualcosa in lei che le attirava, che smuoveva certi istinti primitivi di protezione, sarà dipeso dal suo aspetto così indifeso, giovane e in qualche modo patetico; ma anche da una sorta di smarrimento che traspariva dai suoi occhi, da tutto il modo di muoversi. Sta di fatto che le accadeva assai spesso di venir interpellata da qualche vecchia signora compassionevole, pronta ad aiutarla, ad insegnarle la via o il tram da prendere.

Si incamminò insieme a lei sforzandosi di capire quanto le veniva raccontato, in tedesco. Questa volta aveva trovato qualcuno che non aveva avuto una nonna triestina e neanche una zia d'Oltralpe. Capì meno della metà. Del resto si trattava più o meno sempre della stessa storia di solitudine, di guerra perduta, di morti, di prigionia e di miseria. Quello era un popolo di vittime, che aveva perso la guerra. Tutti, senza distinzione, tutti tratti in inganno da un pazzo criminale; innocenti, costretti a pagare per errori commessi da altri, questo veniva fuori ogni volta, ed Ermelinda ascoltava senza dare a vedere che capiva poco e che quelle storie non la interessavano affatto.

Quel posto dove si poteva mangiare a poco prezzo non era lontano dalla Posta, vide infatti gente che entrava e usciva da una porta. La vecchia signora le fece cenno di mettersi in fila anche lei davanti a uno sportello; pagò una piccolissima somma e ricevette un biglietto delle stesse dimensioni di quello del tram. Quattro prezzi diversi per quattro menu diversi. Bisognava dire il numero che si preferiva e pagare. Uomini e donne di tutte le età, ma per la maggior parte oltre i cinquant'anni, vestiti male, i visi assenti. Un posto assai strano che si chiamava WöK, *Wiener öffentliche Küche*.[9] Ultima testimonianza di quelle cucine popolari nate in gran numero all'inizio del XX secolo, qualche anno prima che scoppiasse la Prima Guerra mondiale, per sfamare migliaia di disoccupati, di senzatetto, per la maggior parte emigrati dalle province orientali dell'allora Impero Austro-Ungarico. Una istituzione che andò avanti fino alla fine degli anni Settanta del XX secolo per sopperire alle necessità di quei diseredati che è possibile incontrare in tutte le grandi metropoli del mondo.

Entrò in una grande sala circolare. In alto, su una specie di schermo, una lista di piatti numerati. Capì che bisognava dire il numero e consegnare lo scontrino. Si rimise in fila, una lunga fila di gente paziente che aspettava disciplinatamente il proprio turno. Ermelinda non sapeva cosa aveva scelto, non conosceva quelle pietanze. Un uomo, prima di lei disse: *Drei* e vide un piatto di carne fumante, una specie di stufato e un panino. Si accorse che anche nel suo scontrino c'era il numero tre. Disse a sua volta *Drei* e le fu messo in mano un piatto con la stessa carne, lo stesso sugo scuro. E il panino. Seguì l'uomo e scoprì che da una parte c'erano delle

[9] Cucina popolare viennese

cassette con le posate. Prese un cucchiaio, come l'altro, e cercò un posto libero nella sala accanto dove si allungavano file di tavoli occupati da tanta gente che mangiava; seduti o in piedi, silenziosi, concentrati su ogni boccone che inghiottivano; la sua nuova conoscenza, la vecchia signora con la quale era venuta, era sparita, ma non la cercò nemmeno, l'aveva anzi dimenticata, tanto era sconcertata da quelle impressioni nuove, quasi allucinanti. Appoggiò il piatto su un angolino libero di uno dei tavoli, qualcuno le aveva fatto posto sulla panca, senza neanche guardarla. Si sentiva solo il rumore dei cucchiai che battevano leggermente sull'orlo dei piatti e la massa di essere umani che trangugiava, masticava, beveva, stranamente grugniva, gli occhi bassi sul proprio piatto. Tanti esseri umani, l'uno sconosciuto all'altro, accomunati solo dalla necessità di consumare quell'unico pasto giornaliero che li avrebbe aiutati a sopravvivere. C'era qualcosa di ostile nell'aria che non riusciva a spiegare, non il piacere di stare insieme e mangiare.

Ermelinda, insicura, sentendosi assolutamente fuori posto, si sedette. Subito fu investita dall'odore di quella specie di stufato, un odore sconosciuto, nauseante: che roba era mai quella? Appoggiò il cucchiaio accanto al piatto, si alzò e andò via, sotto gli occhi stupiti della sua vicina, che pur continuando a mangiare, aveva osservato tutta la scena. Forse uno di loro si sarebbe subito impadronito di quel piatto e avrebbe mangiato a sazietà.

Intanto trovò una panchina in quella specie di parco di fronte alla sua vecchia casa della Böcklinstrasse e si sedette, gli occhi fissi alle finestre dalle quali non si era mai affacciata. Ora non sapeva perché o che cosa l'avesse costretta a ripensare a quella strana avventura in quel lontano giorno d'autunno.

„Se penso a me, come ero allora, ho l'impressione di vedere un'altra persona, una che con me non ha niente, ma proprio niente a che fare. Quella Ermelinda non esiste più, da quarant'anni. Credo sia stato questo il motivo che spinse mio padre a farmi partire; voleva che crescessi, che aprissi gli occhi alla realtà, alla vita vera; che uscissi dalle quattro mura domestiche, dalla quotidianità fatta di silenzi, di atti ripetuti, di ignoranza dovuta ad abitudini retrive, non prevedendo le ripercussioni, gli strascichi che mi porto dietro ancora, dopo tanti anni."

Quante volte si era chiesta nel corso degli ultimi anni, stranamente non prima, come sarebbe stata la sua vita se non fosse mai venuta in questa città, o se fosse venuta in un'altra stagione, o anche solo un anno prima e meglio ancora molti anni dopo. Certo non avrebbe conosciuto Lise e le altre persone in parte dimenticate, che allora avevano giocato un ruolo molto importante, come per esempio Rahimi.

Ma soprattutto non avrebbe incontrato Michael.

Non avrebbe conosciuto quel sentimento irrazionale che viene definito amore. Una parola che in realtà non racchiude un solo concetto, ma una somma di significati.

Ora si chiese se aveva amato i genitori solo perché 'doveva' e non per libera scelta. Coloro cui doveva la propria vita non soltanto l'avevano generata, ma si erano anche presi cura di lei. Era gratitudine o amore?

L'unica garanzia di eternità riservata agli esseri umani sono i bambini, pensò, la cosiddetta 'carne della propria carne' e in loro amano un prolungamento della propria persona: è anche questo un amore disinteressato? Gli essere umani amano solo se stessi e le proiezioni di se stessi. Lei aveva amato i genitori, come amava le sorelle, i nipoti, i cosiddetti congiunti, per consuetudine, perché li vedeva ogni giorno, abitando tutti nella stessa strada. Anche in questo rapporto non c'era stata scelta, erano semplicemente uniti insieme come i frutti dello stesso albero. È anche questo amore? Li avrebbe amati anche se fosse vissuta a qualche migliaio di chilometri di distanza? Quali sentimenti sarebbero intercorsi fra di loro e in generale... cosa li avrebbe tenuti insieme, quale legame?

Tante domande cui non era mai stata in grado di dare una risposta. Per inibizione. O forse perché temeva di scoprire in sé un vuoto di vera emozionalità che al contrario credeva di riconoscere negli altri. Forse lei, soltanto lei era incapace di 'veri sentimenti'. Da quando? Da prima o da dopo il grande viaggio, il grande incontro con la vita? Da quando aveva preferito non analizzare il proprio mondo interiore, per paura di perdersi e ritrovarsi nella solitudine più assoluta? Pensieri, riflessioni che non aveva rivelato a nessuno dei cosiddetti congiunti per non ferirli, ma soprattutto per non ferire se stessa. Era spesso arrivata alla conclusione che è meglio non sapere, come diceva sempre la nonna. Lei, con la saggezza nata da una lunga esperienza di vita, aveva capito che l'animo umano è pressoché insondabile e che in ogni caso è sempre meglio non indagare: sapeva che spesso fra due persone molto vicine, in cui si suppone un rapporto d'amore reciproco, covava sotto la cenere un odio inestinguibile, forse più forte dell'amore stesso. Ed è proprio questo odio che li tiene uniti. Niente di più forte e immutabile dell'odio. Questo le aveva insegnato la vita.

Ma le bastava vedere una coppia di innamorati perché la sua fantasia prendesse il volo. Come classificare quel sentimento che corre fra un uomo e una donna? Forse il vero amore è solo quella specie di esplosione dei sensi che colpì le grandi coppie di amanti, come Tristano e Isotta, Paolo e Francesca, Giulietta e Romeo, coppie forse mai esistite nella realtà, ma tanto più reali della realtà stessa, perché ogni essere umano ha un'estrema nostalgia di grandi storie di amore e di morte.

L'amore, questo scatenarsi di forze primitive che guidano ciecamente, che paralizzano ogni volontà razionale al punto da costringere due sconosciuti a una unione che in realtà temono perché distruttiva, in cui l'io singolo si perde nell'altro, senza possibilità di salvezza. Questa forza prorompente capace di sconvolgere esistenze, di superare tutti gli ostacoli che vi si contrappongono non è amore, non è un sentimento nato da una mente libera da suggestioni ormonali: è una legge di natura cui devono obbedire tutte le creature di questo pianeta affinché tutto possa continuare, un legge cui devono obbedire anche le piante se vogliono sopravvivere. Che altro è l'innamoramento se non una trasmissione di segnali a livello primitivo?

E il segnale che lei aveva trasmesso quel pomeriggio alla Nationalbibliothek era stato: „io sono pronta." La sua risposta era arrivata subito: „io ho già un bambino", e cioè „sono in grado di farti un bambino sano e forte, se tu lo vuoi. Ma stai attenta: non sono libero." Una risposta che più chiara non avrebbe potuto essere, ecco perché le aveva mostrato la fotografia di suo figlio. Un dialogo senza parole. L'amore verbale: un'invenzione nata insieme all'uso della parola. Le forze primordiali o forse gli istinti non hanno necessità di parole per esprimersi: gli animali, le piante amano, anche senza parole. Senza bugie.

Fu annientata da questa somma di riflessioni. Era necessario venire fino Vienna per capire ciò che per anni era maturato nella sua mente senza prenderne coscienza? Ma forse era venuta proprio per questo: avere finalmente chiarezza proprio con se stessa, avere il coraggio di porsi domande e trovare le risposte, ciò che nel corso di tanti anni aveva sempre evitato di fare.

Allora la lezione della nonna era sbagliata?

Non è vero, non è bene non porsi domande, vivere all'oscuro e continuare così per il resto dei secoli, senza cambiare niente, senza capire il vero senso di tutte le cose. Fu colpita da un nuovo pensiero: siamo al mondo per tenere gli occhi bene aperti e vedere la realtà senza paura. Ma sapere, la ricerca della verità, richiede una quantità di coraggio e allora la nonna, alla resa dei conti, non ha avuto il coraggio di affrontare la realtà. Questo pensiero la sconvolse.

Infine decise di andare in centro, di lasciare la Böcklinstrasse, certa di non tornarci più.

Si accorse che proprio davanti all'Accademia d'Arte c'era la fermata di un autobus. Allora, quando abitava ancora qui, non c'era nessun autobus da queste parti, doveva sempre fare un tratto di strada costeggiando il Donaukanal. Ricorda un ponte, sotto il quale era costretta a passare ogni volta che tornava a casa. Dove era finito quel ponte, si chiese ora guardandosi intorno. Ricordò la sua angoscia, quando lo doveva attraversare di notte. Un giorno era stata inseguita da un uomo con una gamba sola e non se ne sarebbe neanche accorta, non fosse stato per il rumore della protesi battuta con furia contro il selciato: quanta minaccia in quei colpi convulsi, imperativi; e quante volte aveva sognato quell'uomo, mutilato di guerra – allora se ne vedevano tanti in città. Nel sogno quell'uomo era senza volto, senza età. E sempre la stessa ansia di essere raggiunta, di venir picchiata con la stampella, senza un motivo, senza un perché. Magari uccisa.

Scese alla Karlsplatz e a piedi arrivò al Ring. Cominciava a imbrunire. Pensò fosse ora di mangiare qualcosa, ma un tram si fermò proprio davanti a lei. Ermelinda salì e ne scese soltanto quando sentì annunciare „Universität". Voleva rivedere la Liebiggasse. Anche questa una tappa non prevista. Non riconobbe il palazzo dove per quasi quattro mesi era entrata e uscita, ogni mattina, insieme a Rahimi.

Al suo ritorno dalla Svizzera, il giorno dopo, Michael le era venuto incontro, proprio qui, in questa Liebiggasse. Lei, coinvolta in una discussione con Rahimi, quasi non lo aveva notato, finché non le si parò davanti, in tutta la sua altezza. Rahimi fu il primo a capire: lo guardò, salutò brevemente la ragazza di colpo impallidita, e corse via, a grandi passi, svoltando subito l'angolo. E sparì. Non venne più neanche alle successive lezioni. Non lo rivide più e ora doveva ammettere di non averne sentito la mancanza.

Si guardò intorno, neanche la strada le diceva qualcosa. Una strada come tante altre. Delusa da se stessa, tornò sul Ring e cercò un ristorante.

Un brutto sogno

Si svegliò che era ancora buio. Non sapeva dove si trovava, ma era ugualmente contenta di essersi svegliata, ovunque fosse.

No. Non era la sua camera da letto, mancavano gli odori conosciuti e quel qualcosa di indescrivibile che distingue un luogo da un altro, anche al buio. Cercò l'interruttore della luce lungo la parete al di sopra della testata del letto, per una vecchia abitudine. Niente. Tastò con la mano sulla sinistra. Si scontrò con un comodino e una lampada. Accese e vide la stanza straniera, la sua roba buttata su una poltrona, la finestra chiusa da una tenda grigia a stranissimi disegni in vari colori. Ora capì: era a Vienna. Guardò l'orologio da polso che la sera prima aveva appoggiato sul comodino: le tre. La sera prima era crollata alle dieci, stanchissima, addormentandosi subito, cosa che già da tempo non le accadeva più.

Da quando non dormiva bene, da quando aveva cominciato a odiare la notte, il suo letto, da qualche anno diventato così grande? Ma anche prima, quando accanto a lei russava un uomo verso il quale soprattutto di notte provava solo repulsione, insofferenza.

Suo marito era quello che generalmente viene definito 'una brava persona', tutto casa e scuola. Un uomo tranquillo, privo di ambizioni, col quale avrebbe potuto trascorrere una vita tranquilla, se non ci fossero stati i sogni, i ricordi, la ferita che continuava a sanguinare dentro: aveva amato quell'uomo? Se lo chiedeva sempre di notte, mentre lui dormiva soddisfatto di sé e della vita che conduceva. Un uomo senza rimpianti, aveva pensato spesso di lui, senza provarne invidia... sarà stato vero, si chiese ora, esiste un essere umano senza rimpianti?

Un pensiero attraversò la sua mente: „cambierò letto, mi prenderò qualcosa di molto più piccolo. Un singolo è più che sufficiente. Forse dormirò meglio. Voglio smontare quell'ultimo relitto di un passato che non mi appartiene, che non voglio conservare." Perché non ci ho pensato prima? Lo so cosa penseranno gli altri... e subito le parve di sentire i commenti delle sorelle, di qualche vecchia zia. Forse era giunta l'ora di non curarsi delle frecciatine che puntualmente le arrivavano da quella parte, soprattutto dalle brave, bravissime sorelle.

Un brutto sogno l'aveva svegliata.

Un lungo corridoio, buio, stretto. I muri a mattoni, umidi, forse un sotterraneo. Cercava l'uscita. Topacci grigi correvano lungo le pareti e sul capo penzolavano, come grappoli immondi, innumerevoli pipistrelli. Si teneva in mezzo benché il corridoio fosse così stretto che le era quasi impossibile non sfiorare le pareti. Anche il pavimento era sdrucciolevole. Rivoli di acqua sporca, non profonda, scorrevano da tutte le parti. Guardava dove metteva i piedi; da qualche parte una luce tenue, spettrale. In quel momento qualcosa di pesante cadde dall'alto e si infilò fra collo e colletto. Si accorse di indossare un trench-coat di gabardine chiaro, annodato alla vita da una cintura. In un secondo cercò di ricordare se aveva mai posseduto un indumento simile: era come se nel sogno una parte di lei, più critica, sorvegliasse il sogno stesso. Intanto che scioglieva il nodo della cintura, sbottonando il soprabito, quel corpo pesante scendeva con estenuante lentezza lungo la sua schiena, verso il basso. Si era impigliato fra la maglietta e la camicia di cotone bianco. Ne sentiva chiaramente il peso. Decise di togliersi anche la camicetta. Buttò il soprabito per terra, non curandosi dello sporco, dell'acqua e cominciò a sbottonare la camicetta. L'affanno, l'ansia era tale che non riusciva a liberare i bottoni dalle asole. Tirò impaziente la camicetta fuori dalla gonna e in quel momento qualcosa dietro le sue gambe cadde e corse via. Un grosso topo.

Ora man mano che osservava la stanza straniera si calmava. Un verso tornò, come un leitmotiv, un verso che da tempi assai lontani la seguiva e segnava il ritmo della sua vita: „un mondo di brutti sogni mi separa dalla morte", e sapeva di sbagliare qualcosa. Invece di mondo sarebbe dovuta essere qualcos'altro, un'altra parola, ma non la ricordava. E anche l'ultima parola non era quella originale. Pazienza. Avrebbe riletto il libro di Garcia Lorca per rinfrescare la memoria, appena a casa.

Non riusciva a riprendere sonno, si arrovellava per cercare di capire quel sogno che pur voleva dimenticare, ma la sua mente era ancora troppo occupata dalla scena vista o meglio vissuta pochi secondi prima.

Perché si sogna? Si chiese infine desolata. Neanche di notte è possibile trovare un po' di quiete.

Il regno dei sogni, dove vivono vecchi fantasmi, ha bisogno della notte per prendere possesso del mondo, senza la notte morirebbero anche i fantasmi, rifletté. Ognuno si porta dentro un mondo che dorme durante il giorno e comincia a vivere soltanto quando la coscienza allenta i suoi freni inibitori. Quel corridoio buio, umido è il luogo dove si annidano i sogni e quelle bestiacce devono avere a che fare con la forza indistruttibile degli istinti. Nel corso degli anni aveva imparato a interpretare i suoi sogni, aveva anche letto qualche libro di psicologia, soprattutto Jung.

Non sarebbe dovuta tornare qui, ripercorrere le vie di un passato anch'esso morto e sepolto, come tutta la vita trascorsa, irripetibile, impossibile da correggere.

Poi capì: le vie del passato sprofondano e poi spariscono nel buio del ricordo. Soltanto il presente, la realtà, è in piena luce. Anche il futuro è un buco nero come il passato; forse un tunnel umidiccio abitato da creature viscide, anche loro condannate a correre sempre lì, senza una via d'uscita, solo una d'entrata: davanti, dietro l'ultima curva, si nasconde la morte. Aveva ragione Lise. Lei parlava sempre di morte. Diceva che è l'unica compagna inseparabile della vita.

Ancora una lunga notte davanti a sé e tanti pensieri inquietanti, tanti ricordi.

Non spense la lampada, decisa a non dormire: adesso più che mai temeva i sogni che avrebbero potuto aggredirla, lei indifesa, abbandonata al sonno.

Ma, nonostante la luce, si addormentò e forse sognò.

L'alba. Attraverso la tenda trapelava un chiarore grigiastro appena ammorbidito dalla luce della lampada ancora accesa.

Fu il silenzio a vegliarla. In quella stanza d'albergo, con morbidi tappeti lungo il corridoio, doppie porte, doppie finestre antirumore, il silenzio aveva qualcosa di corporeo: il suono del silenzio! Dove aveva letto questa frase? Sembrava il verso di una poesia crepuscolare.

Le venne in mente un altro silenzio, prima e dopo. La Böcklinstrasse, le grandi finestre, le tende, i quadri, il tavolino, il divano... e lui, così grande, fermo in mezzo alla stanza. La occupava tutta. Mai la stanza le era sembrata così piccola, così estranea. E anche lui, uno sconosciuto. Ma era stato un attimo. Doveva aver percepito lo smarrimento di lei. Era bastato un passo per interrompere quel silenzio e quel senso di estraneità. Un passo e si era impossessato di lei, quasi di sorpresa, per la prima volta; l'aveva sollevata come una bambina per deporla subito su quel letto di piume dove era sprofondata perdendo il senso del tempo e dello spazio. Ancora il cappotto addosso e le scarpe ai piedi.

Tutto davanti agli occhi, come in un film in bianco e nero.

Sempre quella scena, tornata in innumerevoli sogni, il respiro accelerato di lui, la sua ansia, i suoi baci convulsi. E i suoi occhi. L'aveva fissata tutto il tempo, fra un bacio e l'altro, quasi volesse ipnotizzarla: non conosceva quell'espressione nei suoi occhi, anzi, non conosceva nessuna espressione di quegli occhi stranieri. Ancora adesso si domandò per l'ennesima volta cosa c'era di particolare in quegli occhi, quella sera: la determinazione di chi vuole raggiungere qualcosa ad ogni costo? Aggressività? Sì, forse anche violenza. Quegli occhi l'avevano spaventata, per un secondo era stata sfiorata dal respiro della morte. Era come se in quegli occhi avesse visto un presagio, un segno di morte. Forse anche una minaccia: il cacciatore che raggiunge la sua preda per dilaniarla, ucciderla. Li aveva chiusi soltanto dopo, quando un grido era esploso dalle sue labbra e si era accasciato su di lei, stremato, quasi agonizzante. Lei tremava in tutto il corpo e non avrebbe saputo dire se di paura o di altro. Quel peso su di sé e un dolore acuto in una parte molto intima che sentiva esser stata lacerata con brutalità. E una strana lucidità. Un pensiero, solo uno: „è dunque questo...?"

Michael si era ripreso dopo qualche minuto, gli occhi dolci, la voce, quella voce che l'aveva sempre stregata, sussurrava, ora, tenera. „Non sapevo che tu... che è la prima volta... perdonami" e l'aveva coperta di baci, di carezze quasi fosse stata una bambina. „Ti ho fatto male, *armes Kind*? Perché non mi hai detto... Puoi perdonarmi?" E subito era andato via, doveva tornare a casa. Era già tardi e la moglie lo aspettava. Non le aveva neanche permesso di alzarsi, di accompagnarlo alla porta.

Era seguito un grande silenzio, niente altro.

Come aveva trascorso quella notte, in quel letto macchiato di sangue?

Si era alzata e aveva lavato il lenzuolo. Lo aveva steso sulla stufa perché si asciugasse: la Frau Baronin sarebbe tornata dopo Natale, aveva detto, doveva lasciare la chiave in portineria.

Non voleva che notasse quella macchia.

L'aveva lavata e rilavata varie volte durante quella incredibile notte, un'occupazione che le aveva impedito di pensare.

Non sapeva che il sangue lascia macchie indelebili.

La mattina era corsa da Lise, benché si fosse congedata da lei già il giorno precedente, tanto sarebbe partita quella sera stessa:

«Che ti succede? Vuoi fare colazione con me?» E l'aveva guardata negli occhi. Aveva capito? Non aveva fatto nessun commento sui suoi occhi straniti, sullo smarrimento che era facile leggervi, sul suo silenzio. Avevano fatto colazione insieme e stranamente non erano riuscite a rompere il ghiaccio.

«Molto taciturna, oggi.» Ed Ermelinda aveva sorriso per la lunga erre dell'amica.

«La tua erre mi mancherà molto» sussurrò.

«Spero non soltanto la erre. Ma verrai a trovarmi, lo so, ne sono certa e vedrai, questa volta mia madre ti accoglierà con tutti gli onori.» Si erano separate dopo un lungo abbraccio. Lise l'aveva allontanata un momento e fissandola con intenzione:

«Non hai veramente niente da dirmi? Sento che c'è qualcosa che vuoi dirmi.»

Che tristezza, pensò, tornare a Vienna senza Lise.

Ma un altro ricordo si sovrappose al primo, la notte in cui era morta la nonna e lei, che aveva voluto assisterla fino all'ultimo, sopraffatta da quella pace improvvisa, dal grande silenzio della morte, dopo il respiro affannoso, il rantolo che aveva riempito la stanza, aveva capito il senso della vita. Una vera illuminazione. Se l'intervallo fra la nascita e la morte è segnato da una lotta, poi il trapasso è tanto più liberatorio. La quiete subentra al disagio del vivere.

La seconda volta che il pensiero tornava alla nonna, in questi due giorni, cosa che non accadeva da anni.

Finalmente si alzò, si vestì.

Fece colazione in una specie di giardino d'inverno, proprio in quel cortile che il giorno prima aveva visto dalla sua finestra. Anche oggi il sole illuminava e scaldava l'aria. Trovò un tavolo apparecchiato per una persona sola e capì che era per lei, una delle ultime ospiti dell'albergo. Il cameriere si avvicinò silenzioso. Chiese solo:

«*Tee oder café*?» Lei rispose caffè e poi si servì a un gran buffet. Tanta roba e lei non aveva voglia di niente. Proprio un peccato, pensò, e bevve il suo caffè non gustandolo neanche un poco: aveva un vago gusto di sciacquatura di caffè, niente di più.

Tornò in camera. Alla reception, poi, pagò il conto e diede in consegna la sua valigia, l'avrebbe ritirata più tardi, disse. Infine si avviò verso il centro. A piedi, tanto aveva molto tempo davanti a sé.

In quelle ore di prima mattina, l'aria fresca, ripulita dall'umidità della notte; le strade quasi vuote, poco traffico di auto, poca gente... una città sconosciuta, di una bellezza travolgente. Per un momento ebbe l'impressione di essere una turista che va incontro a una nuova città, a una giornata piena di incognite, forse con le attese di quel primo giorno di tanti anni fa. Solo che lei era ormai una donna matura, priva di illusioni, senza attese, con un solo desiderio: arrivare alla fine del tunnel, là dove brilla una piccola luce. Intanto non si stancava di alzare gli occhi verso le tante facciate ottocentesche riccamente decorate, di certo restaurate da poco: veri palazzi delle fate, uno più bello dell'altro, quasi la vista di tanta bellezza potesse distrarla da un pensiero che cominciava ad angosciarla. „Come sarà adesso?"

Ieri pomeriggio, per molte ore, era riuscita a dimenticare che oggi avrebbe rivisto Michael; solo la sera, poco prima di addormentarsi, aveva pensato: „Che cosa diremo, cosa mi dirà?"

Guardava il suo orologio, lo confrontava con tutti gli orologi che incontrava lungo la strada. Sembravano impazziti, tutti gli orologi impazziti... come era possibile?

Pensò di andare in chiesa, aveva bisogno di pregare, di calmarsi, di chiedere consiglio. Aiuto. Vide una stazione della metropolitana e senza motivo i suoi passi si avviarono in quella direzione, scese le scale, salì sul primo treno. Subito dopo, già impaziente, scese alla seconda fermata: Stephanplatz. Entrò in Duomo, una grande chiesa buia. Molti turisti. Si sedette in una cappella laterale, senza guardarsi intorno. Voleva essere sola e pregare. Si accorse subito di non riuscire a concentrarsi neanche su una semplice Ave Maria. Le parole fuggivano via, senza senso. Allora gridò dentro di sé: "Dio aiutami. Maria Santissima aiutami." E continuò a ripetere queste poche parole fino allo spasimo. Nessuna preghiera le veniva in mente. „Dio non mi abbandonare." Disperata, un pensiero la trafisse come una lama arroventata: „perché Dio non mi aiuta? Dio, dove sei? Perché mi lasci sola ogni volta che ho bisogno di Te?" Ma subito si pentì. Dio non può correre in aiuto da tutte le migliaia, milioni e forse miliardi di persone che lo chiamano. Non ci aveva pensato mai. Questo vuol dire che non poteva contare sul suo aiuto. Sull'aiuto di nessuno.

Uscì dalla chiesa più inquieta di prima. La fede, le preghiere: dove andava a finire tutto questo? Per chi, per che cosa aveva pregato, sempre, dalla prima infanzia, le tante preghiere che le aveva insegnato la nonna? Che significato ha la preghiera? Perché si prega? Non volle continuare, quel pensiero era troppo disturbante.

Guardò ancora una volta l'orologio. Mancavano tre quarti d'ora. Si avviò verso il Graben. Guardava le varie vetrine cercando di distrarsi, di non fissare come ipnotizzata il suo orologio da polso.

Verso la fine del Graben scoprì una libreria, entrò. Assai grande, con molti reparti. Bene in vista, su uno scaffale dove sembravano esposte le ultime novità, vide un volumetto con una bella copertina, mostrava una coppia. Una donna, la fronte e le tempie incorniciate da una capigliatura nera che scopriva le orecchie, un ampio vestito arancione che occupava buona parte del quadro, con sfumature brune, chiuso da un castigatissimo colletto bianco. Sulle braccia uno scialle rosso-arancione che scendeva lungo la gonna. Lo sfondo, piuttosto scuro, una parete a fiori. Di faccia a lei un uomo con barba, vestito di nero con riflessi rossastri. Ambedue guardavano in direzione del pittore. Fissò a lungo il quadro e pensò che sarebbe potuto essere un impressionista. Prese il libretto in mano e sul retro lesse il nome. Degas. Fu contenta di aver indovinato. Poi il titolo del libro: *Eine blaßblaue Frauenschrift.*

L'autore: Franz Werfel.

Restò a lungo col libro in mano. Sembrava fresco di stampa, una nuova ristampa di certo. Il suo aveva un'altra copertina, senza figure, meno bello. Una commessa si avvicinò e chiese se voleva avere il libro. Ermelinda andò alla cassa e pagò. Aveva comprato un libro che già possedeva, e non sapeva perché.

Infine, un'ultima occhiata all'orologio. Un tuffo al cuore, già le dodici.

Entrò al Café Griensteidl. Difficile non vederlo. Un bel palazzo d'angolo, molti turisti seduti ai tavolini sulla strada. Dentro era quasi vuoto. Si fermò un momento sulla porta per guardare quel locale mai visto prima: un vecchio Kaffeehaus della fine del secolo scorso, ricostruito sul modello del vecchio Griensteidl. Il vero Griensteidl, un luogo di incontro per artisti, era stato demolito già alla fine dell'Ottocento. Cento anni dopo, e cioè nel 1990, fu riaperto nel Palais Herberstein, attirando subito una quantità di turisti, quelli che cercavano la Vienna imperiale; di autentico era rimasto solo il nome, il resto era un rifacimento che poteva ingannare soltanto gli stranieri.

Ermelinda non sapeva distinguere il nuovo dall'antico e l'atmosfera era per lei come allora, quando era ancora possibile trovare a Vienna Kaffeehaus autentici, polverosi e cadenti.

Non ricordava però di aver visto prima questo locale.

Un vecchio signore le venne incontro, avanzando fra i tavolini vuoti, alto, magro, i capelli lisci bianchissimi, cadenti da una parte, inchinandosi e sorridendo alquanto imbarazzato.

«Ermelinda...», e si fermò davanti a lei in attesa. Ermelinda alzò gli occhi su di lui, anche lei sconvolta, e gli porse la mano che lui subito prese con una sorta di religiosità. La portò alle labbra. La lasciò subito, con discrezione, e la guidò verso un tavolino d'angolo.

Spostò una poltroncina per lei e infine le si sedette di fronte. Nessun cameriere in vista, tutti occupati a servire i clienti fuori.

Ora si guardarono, a lungo, senza parlare, non riuscendo a staccare gli occhi l'uno dall'altra quasi volessero annullarsi l'uno nell'altra. Un esame lungo, silenzioso, e anche un susseguirsi di domande, tante domande difficili da formulare: le domande che nel corso di tutti quegli anni non erano riusciti a porsi e che si erano accumulate formando una montagna della quale non si vedeva più la cima. Ma una, la più importante, tornava e tornava: chi sei? Fu un cercare negli occhi dell'altro l'immagine di se stessa, quella se stessa che certamente non conosceva, che le sfuggiva forse per timore di vedere ciò che non avrebbe mai accettato; o meglio, cercava l'immagine di una sconosciuta, proprio negli occhi di uno sconosciuto che pur aveva giocato un ruolo fondamentale nella sua vita.

Ci sono domande alle quali è possibile rispondere? Sì, quelle banali, quelle che nel corso dei secoli hanno sempre trovato una risposta più o meno adeguata; ma le più importanti, quelle decisive che possono cambiare il corso di una vita, proprio quelle non hanno trovato ancora una risposta.

„Sono anni che aspetto questo momento e ora non so più che dire. Dio come è invecchiato! Non lo ricordavo così magro e... alto. Più di un metro e novanta. E che grandi mani ha."

Infine Michael si schiarì la gola.

«Vuoi bere qualcosa... anzi qui si può anche mangiare. Aspetta, vado a chiamare un cameriere.» Si alzò in tutta la sua lunghezza e si guardò intorno. Poi fece cenno a un cameriere che però in fretta andò da un'altra parte. Si sedette di nuovo.

«Adesso viene qualcuno.» Non si era accorto di aver parlato in tedesco.

«Scusami,» si corresse in italiano.

Ermelinda, nonostante i tanti anni in cui non aveva più sentito questa lingua, aveva capito quelle poche frasi. Lui proseguì in italiano.

«Ti trovo bene. Non sei cambiata... bella come allora, solo i capelli... li hai tagliati. La tua lunga treccia nera. Ma gli occhi... non guardano più come allora, c'è qualcosa di nuovo... o forse di antico, non saprei dire. Ti avrei riconosciuta subito, anche in mezzo a una folla di... gente varia.»

«Vuoi dire che ho perso l'ingenuità di allora?»

«Ieri, quando il mio ex collega mi ha detto che una piccola signora italiana sedeva davanti alla sua scrivania ho avuto... ho avuto un tuffo al cuore. Lo confesso, non pensavo più di vederti in questa vita. Quel treno ti ha inghiottito nella notte. L'ho sempre pensato. Inghiottita... nella notte... un pensiero che ho avuto, non so dirti per quanto tempo.» Non riusciva a staccare gli occhi da lei e più la guardava più si sentiva attratto come da un filo magnetico. Visibilmente confuso, anzi sopraffatto, era incapace di raccogliere i propri pensieri. Tacque, quanto mai imbarazzato: era sorpreso dalla sua stessa reazione, dal non aver pensato che avrebbe potuto reagire così.

Ermelinda non aveva ancora aperto bocca e avrebbe dato qualcosa per avere un bicchiere d'acqua tanto la sua gola era secca, quasi ruvida.

„Era questa la sua voce? E gli occhi... erano così annacquati e incavati? Anche le labbra, quelle labbra che ho sognato in innumerevoli sogni. Molli, quasi cadenti. Dio che sfacelo! È questo l'uomo che ha segnato la mia vita?"

Quasi senza volerlo, Ermelinda si sentì rispondere:

«Quella notte non ha inghiottito me, ma solo te.»

Michael fu come colpito da una stilettata. La guardò prima di riuscire a realizzare le poche parole della donna. Le ripeté, una due volte senza capirne il senso. Ermelinda però non aveva finito:

«Non hai mai risposto alle mie lettere... mi avevi promesso di scrivermi già prima che io partissi così che al mio arrivo potessi trovare una tua lettera di benvenuto... così hai detto, di benvenuto. Invece non ho trovato niente e alle mie lettere non hai mai risposto, mai. Dunque sei tu ad essere stato inghiottito dalla notte.»

„Perché, perché parlo? Non avrei dovuto iniziare così. Sto rovinando questo momento atteso per anni… Dio, che senso ha tutto questo? Non avrei dovuto venire qui.“

Michael sorpreso la guardò come si guarda una nemica. Si irrigidì e la sua voce perse la dolcezza che aveva avuto fino a quel momento. Adesso quasi balbettava, la voce si perdeva in un mormorio quasi parlasse con se stesso. Deluso, anzi afflitto, come chi viene accusato ingiustamente:

«Non mi aspettavo questo rimprovero. Non credo di meritarlo. Dopo tanti anni… rivedersi soltanto per sentirsi accusare di slealtà…» Poi alzò il tono, di colpo freddo, distaccato, un fortissimo accento tedesco: «Ti ho scritto due lettere prima che tu partissi e in seguito almeno altre dieci, se non di più. Non hai mai risposto. Da te ho avuto due brevissimi biglietti in cui chiedevi solo cosa succedeva. Niente altro.» Ora la guardò diritto negli occhi, senza alcun imbarazzo, anzi con una certa sfida. «Qualche mese dopo, credo in marzo, ho ricevuto questo biglietto, da Losanna. Eccolo qui, puoi leggerlo. Io, in tutti questi anni, benché lo abbia riletto varie volte, non ho capito cosa intendevi dire… dipenderà dalla mia poca conoscenza della lingua italiana», concluse gelidamente. Da una tasca interna della giacca tirò fuori una busta sgualcita, ingiallita. L'aprì e porse un cartoncino a Ermelinda che non lo prese. Impaziente, lo appoggiò sul tavolo, in attesa. Ermelinda riconobbe quel biglietto, l'ultimo, e ricordò.

„La morte si è portata via una parte della mia vita. Quella che mi avevi dato tu.

12 marzo 1965.

E.“

Tante scoperte

L'aveva scritto in casa di Lise, dopo un breve intervallo in un ospedale di Losanna.

Era arrivata da pochi giorni, dopo un lungo scambio di lettere e telefonate. Lise l'aveva convinta a venire prima di commettere qualche sciocchezza.

Le sue paure, la totale ignoranza del cambiamento ormonale che si stava compiendo nel suo corpo, infine il terrore di dover confessare alla famiglia di essere in attesa di un bambino, le avevano tolto quel resto di equilibrio che era riuscita a mantenere da quando era tornata a casa. Per suggerimento dell'amica, si era lasciata visitare da un ginecologo, la prima volta in vita sua, ed era andata sola, senza che nessuno della sua famiglia lo sapesse; a Catania una donna andava dal ginecologo sempre in compagnia della madre, del marito o di una parente e la visita si svolgeva in sua presenza. L'uomo anziano, in camice bianco, aveva subito chiesto se non era accompagnata. Il suo sguardo, pieno di riprovazione, le domande indecenti su come era stata penetrata, se lo aveva voluto lei o era stata violentata, cosa che secondo lui sarebbe stata una scusante, tutto il tono inquisitorio… un incubo. Un'imputata e il suo giudice. Messa sotto accusa da uno sconosciuto, un uomo che in altre circostanze non avrebbe neanche notato. E poi quell'orribile sedia dove aveva dovuto più o meno stendersi mentre lui infilava le sue dita nelle parti più intime del suo corpo. Se fosse possibile morire di vergogna, Ermelinda sarebbe morta sul posto.

„È dunque questo il prezzo che le donne devono pagare quando escono dal Paradiso Terrestre della verginità? Quel sentimento tanto idealizzato della maternità ha poi un risvolto umiliante, doloroso, cui nessuno ci prepara, del quale non è lecito parlare, forse perché considerato un inconveniente trascurabile, di poca importanza! L'amore tanto decantato dai poeti deve concludersi in questo modo avvilente? In una visita ginecologica. Questa è dunque l'altra faccia della medaglia, una faccia riservata solo alle donne."

Ermelinda non dimenticò mai quella prima esperienza, le riflessioni che erano seguite, le conclusioni cui era arrivata sull'essere donna e madre. Quando poi per altri motivi fu costretta a sottoporsi a una visita ginecologica, cercò sempre una dottoressa, benché allora fosse assai difficile trovarne una con questa specializzazione.

Ma la vergogna, il disagio, restarono sempre.

Infine il responso che l'aveva annientata.

Era corsa a telefonare a Losanna. Chiusa in una cabina telefonica, mentre attendeva la comunicazione aveva cominciato a singhiozzare. Per qualche secondo Lise non aveva capito cosa stava succedendo, sentiva solo qualcuno che piangeva disperatamente dall'altra parte del filo. Dopo poche parole la convinse a venire da lei, subito, senza indugi. Avrebbero trovato insieme una soluzione.

Entrò così per la prima volta nella casa di Lise. Conobbe la madre e la prozia, una donna vecchissima ma ancora in gamba, almeno abbastanza per sgridare la nipote per ogni piccola manchevolezza. La vecchia signora trattò la ragazza italiana in modo alquanto burbero, tanto che Ermelinda pensò che sapesse delle sue condizioni. Lise si scusò, reagiva sempre così con le persone che non conosceva, una conseguenza dell'età, cercò di giustificarla, e poi non sapeva nulla di lei. Ma anche le volte seguenti in cui andò dall'amica, la prozia, dopo un primo momento in cui sembrava non riconoscerla, continuava a mantenere un certo riserbo, forse per il francese un po' traballante di Ermelinda, per il suo aspetto da meridionale, o chissà per quale altro motivo.

E conobbe anche gli animali dei quali aveva tanto sentito parlare. Entrò in casa tenuta per mano da Lise, affinché Gitano vedesse che si trattava di persona amica. Inoltre le passò un braccio attorno alle spalle, in modo assai visibile e la fece sedere accanto a sé: Gitano ringhiava ma osservava attentamente tutto il cerimoniale, col risultato che quella sera stessa, entrando in salotto, dove si era raccolta la famiglia, dopo cena, si era avvicinato senza ringhiare, anzi curioso, e aveva finito col metterle la testa in grembo. Un trionfo, disse Lise, ormai era stata accettata come parte della famiglia.

Ermelinda che fino a quel momento aveva avuto una terribile paura dei cani, fece amicizia proprio con Gitano e da allora ebbe l'impressione di capire gli animali. Con i gatti fu molto più facile, eccettuato Assan, che non gradiva nessuna novità.

Ermelinda era affascinata da questo piccolo zoo; in casa sua non c'era neanche un gatto, benché spesso la presenza di qualche topolino, capitato là per sbaglio, avesse messo tutta la famiglia in subbuglio; ogni volta si era discusso sulla necessità di prendere un gatto e farla finita con tutte le trappole che la nonna metteva in giro, un po' dappertutto. Ma poi, passata la prima agitazione, non ci pensava più nessuno.

La madre di Lise invece l'accolse a braccia aperte – non nel senso letterale della parola – infatti le stese una mano ossuta che strinse con forza. Una stretta che però valeva più di ogni abbraccio superficiale. Ermelinda dopo le mille descrizioni avute da Lise, fu sorpresa di sentire tanto calore, tanta partecipazione per le sue condizioni. Era lì da qualche ora e già, sedute in salotto, discutevano sul suo futuro e di quello del bambino come della cosa più naturale del mondo. Lise aveva informato la madre – del resto non c'era motivo di tenere un segreto inutile – già prima della sua venuta.

Nonostante l'angoscia, le paure, l'estrema tensione degli ultimi giorni, e anche la stanchezza per il lungo viaggio e l'agitazione per tutte le novità piombate fra capo e collo, non si stancava di osservare Madame Gavin, cercando di scoprire in lei affinità o somiglianze con la figlia. Lise doveva aver preso dal padre, concluse fra sé. Eccettuato il colore dei capelli, le due donne non avevano niente in comune. Ma presto non cercò somiglianze con Lise. Fu soltanto presa dalla personalità dominante di quella donna, di forse cinquant'anni, che sembrava sapere con grande precisione il posto che occupava nel mondo. Così diversa dalla mamma, aveva subito pensato, e anche dalla nonna, lontane in quel momento, non soltanto nello spazio ma anche e soprattutto nel tempo. Centinaia di anni indietro, e anche più. Due donne costruite a grandi linee, chiare e precise, sul calco di migliaia di donne come loro, con un passato di rassegnazione e sofferenza. Tutta la storia della Sicilia si specchiava nella vita di quelle due donne, sottomesse a leggi dettate da generazioni perdute nel passato, contro le quali mai si sarebbero ribellate.

Quanto più complesso era il disegno di questa donna. Non avrebbe saputo spiegare in che cosa consistesse la complessità, e in ultima analisi il fascino che ne derivava. Ma anche in seguito, nei molti anni della loro amicizia, Ermelinda, ogni volta che veniva a Losanna ospite di Madame Gavin e non di Lise, aveva cercato di scoprire il grande segreto di quella donna.

Lise con i suoi matrimoni falliti, una vita che non riusciva a prendere in mano, professioni che cambiava come avrebbe cambiato vestito, sempre con un sorriso ironico sulle labbra che man mano acquistava segni inconfondibili di amarezza, era spesso inafferrabile, lontana, anche se non fisicamente. Per Ermelinda il punto fermo restò sempre Madame Gavin e non Lise, e infatti anche dopo la morte di quest'ultima, almeno una due volte l'anno, tornava a Losanna a vedere come man mano anche quella 'grande dame' si smarriva, si perdeva, riducendo la propria esistenza a pochi ricordi che affioravano da chissà quali profondità.

Qualche giorno dopo il suo arrivo, di notte ebbe una forte emorragia. Lise e la madre la portarono al pronto soccorso.

In quella notte che non dimenticò mai perse il piccolo essere che si era annidato, per poco tempo, nel suo corpo.

Una settimana dopo scrisse quel biglietto.

«Tu mi hai scritto dieci lettere? Ne sei proprio sicuro?» Michael non volle aggiungere altro. Non capiva quella domanda. Anzi era offeso.

«Ripeto, ti ho scritto due lettere prima della tua partenza e tante altre subito dopo. Non ho nessuna ragione di mentire... e non ho mai ricevuto una risposta, se si eccettuano questi pochi biglietti per me assai enigmatici.»

Ermelinda si confuse. Aveva bisogno di pensare. Il tono deciso, piuttosto irritato di Michael la rendeva sempre più insicura.

Le lettere, le tante lettere che non aveva mai ricevuto. Che fine avevano fatto? Un disguido postale. Tanti disguidi postali?

Intanto si avvicinò un cameriere.

Michael, di nuovo gentile, le chiese se voleva bere qualcosa, se voleva mangiare.

«Solo acqua, per favore. Ho tanta sete.» Balbettò, anzi mormorò. Poi guardò l'orologio e pensò che doveva ritirare la valigia, correre all'albergo, precipitarsi all'aeroporto: aveva ancora almeno cinque ore di tempo, ma l'ansia e... un'incontenibile desiderio di scappare, soltanto di scappare, le mise le ali ai piedi.

In realtà voleva star sola, soprattutto sola.

Prima ancora che il cameriere avesse avuto il tempo di tornare con l'ordinazione, Ermelinda si era alzata, del tutto stranita.

«Devo correre all'albergo... ho poco tempo. Scusami, ma ho altre cose da sbrigare e il mio aereo parte alle cinque.» Si fermò un momento, confusa, già lontana. Poi un pensiero: aprì la borsetta, prese decisa il libro che aveva comprato forse un'ora prima, *Eine blaßblaue Frauenschrift*, lo mise sul tavolo e senza neanche salutarlo, evitando di guardarlo in faccia, si allontanò velocemente.

Una vera e propria fuga.

Michael la seguì con gli occhi, stupito, mezzo alzato per salutarla. Si sedette di nuovo, del tutto disorientato: aveva parlato con lei? Cosa era accaduto? Era lei o aveva soltanto sognato?

Ermelinda si precipitò sulla strada, fermò un taxi e si fece portare in albergo.

„Dove sono finite tutte quelle lettere? Chi prendeva la posta, ogni mattina? Chi? La mamma usciva assai presto con papà. La nonna. La nonna restava in casa; gli altri uscivano per andare a scuola. La nonna. Era infatti la nonna che prendeva la posta. Com'è possibile? Lei. Un tale tradimento..."

Il tassista le fece notare di essere già davanti all'albergo. Ermelinda si scosse e scese: non sapeva dove si trovava. Si guardò intorno prima di riconoscere l'ingresso dell'albergo.

Pensò alla sua casa di allora. Se squillava il campanello della porta la prima ad aprire era sempre la nonna. Sembrava in attesa di qualcosa, magari solo del postino. Come non l'aveva notato?

E l'apprensione dei genitori, al suo arrivo. Alla stazione erano venuti tutti, la famiglia al completo. Anche il fratellino, da tempo morto e dimenticato, dovette ammettere con vergogna. Tutti lì, alla stazione, le sorelle allegre, spensierate, i genitori e la nonna seri, in apprensione. Dovevano aver ricevuto le due lettere e...

Sì, avevano letto le due lettere, ecco perché quell'accoglienza.

Dio, come era cambiata! Il suo corpo era lì, alla stazione, ma lei stessa era ancora a Vienna. Si erano accorti del suo essere altrove? Aveva abbracciato tutti, uno per uno, e sentiva qualcosa di falso in sé. I sentimenti. Ecco cosa mancava. Neanche il fratellino che prima aveva amato con tanta tenerezza era riuscito a scuoterla da quel torpore dei sensi; anche lui, un bambino come un altro bambino, niente di più. La sua famiglia: un'accozzaglia di estranei. E una domanda che bruciava sulla lingua: c'è posta per me? Aveva aspettato fino a casa e non riusciva a sorridere nel rivedere tutti quei volti che ancora pochi mesi prima le erano stati tanto cari. Anzi era impaziente di arrivare a casa, con quel tram che andava a velocità ridotta, le fermate che non volevano finire e le sorelle che facevano mille domande stupide. Il fratellino, ricordò ora con una stretta al cuore, intimidito, non osava avvicinarsi a lei. A casa poi, era corsa nella sua stanza, uno sguardo veloce sulla sua scrivania... non aveva osato chiedere: „è arrivato niente per me?" Aveva solo rovistato anche nei cassetti, sempre più ansiosa. Più disperata.

Non riusciva ad essere felice di essere tornata a casa. E ogni giorno sempre lo stesso pensiero fisso: „non ha scritto. Non ha scritto. Non ha scritto." La notte poi mordeva il cuscino per non gridare e si rivoltava nel letto, duro, scomodo, tanto diverso dal letto peccaminoso della Böcklinstrasse, dove affondava nelle piume, nei pizzi.

E le sue carezze. Le prime carezze di un uomo. Quelle grandi mani che bruciavano ancora sulla sua pelle, su tutto il corpo, e la scoperta di avere un corpo sensibile, vibrante di attesa. E lo smarrimento di quell'attimo in cui avevo percepito solo violenza, brutalità pura: cosa era accaduto? Perché era cambiato di colpo e dalla tenerezza era passato a quello che comunemente viene definito atto d'amore? Era dunque di questo che parlavano tutte le sue amiche, sempre ridacchiando come di un'ovvietà, di qualcosa di banale... senza definirlo esplicitamente, senza darvi un nome preciso? Perché esisteva questo atto di violenza camuffato da... da cosa? Sempre da una parola: amore. Ma che cosa aveva a che fare con l'amore? Forse lei non aveva capito niente, forse non si trattava di amore ma di qualcosa d'altro, di un'aberrazione della natura. Chi aveva inventato tutto questo? E Dio, come aveva permesso tutto questo? Era dunque questa la colpa cui accennava la religione, il famoso peccato originale? E chi era il peccatore? Adamo, il primo che aveva inventato questo atto d'amore, non certo Eva, la sua vittima.

Ogni notte desiderava almeno sognarlo, rivederlo in sogno... niente, era bloccata. Non riusciva neanche a sognare. E dormiva male. Proprio allora era cominciata l'agonia notturna delle ore che non passavano mai.

Ora, seduta nella hall dell'albergo, era sconvolta. Sapevano tutto e la nonna non la perdeva d'occhio un minuto, aveva notato la sua inquietudine. Magari stava alla finestra in attesa del postino. Un pensiero che la fece star male. Una congiura contro di lei. La madre, il padre, la nonna. Tutti d'accordo a salvaguardare l'onore della famiglia. Avevano letto qualcosa che si riferisse alla moglie di Michael? O a quel pomeriggio, alla Böcklinstrasse, quando Michael l'aveva accompagnata per vedere la sua stanza approfittando dell'assenza della Frau Baronin?

Era tornato a casa con molto ritardo e la moglie gli aveva fatto una scenata. Aveva già dei sospetti. Lui era molto cambiato, aveva detto, sembrava uscito di testa; il giorno dopo, ancora alla stazione, prima che il treno partisse, le aveva brevemente raccontato come si era conclusa la serata. Una corsa all'ospedale. Un infarto della moglie. Michael aveva detto che l'aveva dovuta sposare perché aspettava un bambino.

Ma è la storia che ogni uomo sposato racconta per giustificare i suoi tradimenti.

Certamente le lettere erano piene dei suoi problemi con la moglie. Ma anche le prime dovevano essere assai inquietanti per la sua famiglia, le parole infiammate, e forse anche la disperazione per la sua partenza e chissà che altro.

Cosa avrebbe dato, ora, per leggere quelle lettere.

Lei aveva creduto che lui, partito il treno, l'avesse dimenticata. Una piccola avventura passeggera e niente di più. E poi scoprire di essere incinta e vedere negli occhi della nonna, della madre, una domanda: un ritardo mestruale? Ma nessuna che si rivolgesse esplicitamente a lei, che ponesse quella domanda infamante: non sei più vergine? Le due donne non ebbero dubbi, fin dal primo momento. L'avevano letto nei suoi occhi, appena arrivata alla stazione.

Poi aveva avuto una supplenza per qualche mese. Che angoscia stare in quella classe insieme a più di trentacinque bambine ed essere altrove. E le telefonate a Lise, tornata dopo le vacanze di Natale a Losanna, decisa a non continuare più lo studio del canto. Ermelinda riceveva sempre le sue lettere, in francese, nessuno in casa avrebbe potuto leggerle. Ora ricorda di aver avuto l'impressione che qualche busta fosse stata aperta, forse a vapore. Le viene un crampo allo stomaco. Anche questo!

Leggevano o tentavano di leggere 'tutte' le sue lettere e lei che aveva creduto di vivere in una famiglia aperta, o meglio normale. Cosa è normale? si chiese. Avrebbe fatto lo stesso anche lei, se avesse avuto una figlia?

Non lo sa.

Non ha avuto figli, dopo quell'unico, perso.

Un bambino che non aveva voluto vedere la luce del giorno, che aveva preferito tornare in quel luogo dal quale proveniva. Per quanti anni aveva cercato quel bambino non nato nel visetto innocente di quelle centinaia di bambini che vedeva ogni giorno a scuola, facendo ogni volta il calcolo: quanti anni avrebbe avuto la sua creatura se fosse nata, e che aspetto avrebbe avuto? Biondo, alto come lui, o piccolo, bruno? E i suoi occhi: azzurri o neri? Quante volte aveva sognato quel piccolo sconosciuto, senza mai poterlo vedere per intero, deciso a restare in quella zona d'ombra dove era stato concepito. Il suo bambino mai nato, mai cresciuto.

Col tempo aveva capito di aver amato quella creaturina mai nata più di ogni altro essere al mondo. E di averla amata sempre, di giorno e di notte, in solitudine e in mezzo alla gente. Di averla portata con sé ovunque, parte di sé, indissolubile. Che sarebbe morta solo insieme a lei. Proprio quell'esserino che si era rifiutato di vivere le aveva fatto capire il senso profondo della parola amore.

E quel viaggio a Losanna, lungo. Disperato. Ora non ebbe dubbi: anche i genitori sapevano, infatti non avevano fatto domande. Perché andava in Svizzera, perché quella decisione improvvisa in mezzo all'anno scolastico? A casa anche l'atmosfera era cambiata. Ora ripensò a tante piccole scene cui allora non aveva dato alcuna importanza e che ora apparivano sotto tutt'altra luce. Come non aveva capito in tutti quegli anni? Cieca. Cieca.

I genitori la trattavano come una malata grave, pieni di premure, di attenzioni, e al suo ritorno da Losanna era venuto solo il padre alla stazione, più che mai angosciato. L'aveva guardata o meglio esaminata dalla testa ai piedi.

«Sei stata malata? Povera bambina mia, mi sembri smagrita, pallida...», aveva detto, gli occhi tristi, pieni di pietà e l'aveva tenuta fra le braccia un secondo di più del normale. L'aveva stretta come si stringe una figlia ritrovata. Voleva confortarla ma non trovava le parole, come sempre riservato, incapace di esprimere i propri sentimenti. Anche lui sapeva.

Lei non aveva capito niente. Tutta presa dal suo dolore, non aveva neanche protestato quando il padre aveva fatto cenno a un taxi per ricondurla a casa. Forse la prima volta che il pover'uomo si permetteva un tale lusso.

E ancora, quando anni dopo aveva accettato di sposare un collega, un insegnante di ginnasio come lei, la reazione dei genitori era stata entusiastica; avevano accolto quel pretendente come una specie di salvatore della figlia e lo colmavano di cortesie, al punto che Ermelinda li aveva pregati più di una volta di non esagerare.

Magari temevano che il fidanzato scoprisse che la ragazza non era più vergine, mai sospettando che Ermelinda stessa gli aveva raccontato della sua disavventura viennese, proprio così, disavventura, tacendone però le conseguenze. Aveva pensato tutti quegli anni che Michael avesse solo voluto un'avventura con una ragazzina priva di esperienza e niente altro.

Ora non capiva cosa le stesse accadendo. Le sembrava di aver sbagliato tutto, di non avere avuto il coraggio e forse l'energia di vivere la sua vera vita.

Non aveva rischiato niente, non aveva osato chiedere né il primo giorno né i giorni seguenti: è arrivata una lettera per me? Come avrebbe reagito la nonna, e la mamma?

Ripiegata su stessa, una rinuncia continua in un rincorrersi di giorni, di anni, in cui non accadeva niente. Si era chiusa a ogni speranza di cambiamento, anche a una possibile maternità, mentre le sorelle, una dopo l'altra, appena sposate, mettevano al mondo un figlio l'anno: quattro la prima, cinque la seconda. Una famiglia strettamente cattolica, lodava il parroco, e lei? Il suo medico, dopo varie analisi volute dal marito e dai genitori molto più preoccupati di lui, aveva diagnosticato una sorta di sterilità fisiologicamente inspiegabile. „Forse un inconscio rifiuto alla maternità, meno raro di quanto si pensi", aveva borbottato più per se stesso che per la paziente e la sua famiglia – perché questa volta era andata insieme alla madre e al marito – „cui si aggiungeva un caso di frigidità connaturata, abbastanza frequente del resto." Ma questo non lo aveva detto, lo aveva solo pensato.

Per Ermelinda ogni contatto col marito era stato un atto di sottomissione. Niente di più. Fino a quando lo aveva pregato di non sottoporla a quell'indesiderato atto d'amore: il marito, senza perdersi in discussioni inutili, aveva rinunciato ai suoi diritti maritali. Un uomo accondiscendente, in ogni caso.

Ma lei lo sapeva, quel bambino morto non voleva avere successori. Lui doveva restare il solo. L'unico.

A lei aveva lasciato in pegno la sua piccola anima. Non poteva tradirlo.

Infine decise di andare all'aeroporto, tanto valeva aspettare lì, in mezzo al viavai della gente, piuttosto che in questa hall solitaria. Di colpo ne sentì tutto lo squallore. Il silenzio la opprimeva: i doppi vetri che davano sulla frequentatissima Favoritenstrasse attutivano tutti i rumori della strada, della vita che pulsava fuori, altrove.

A Vienna ormai non aveva più niente da fare.

Rimettersi in gioco?

Schwechat. Un altoparlante chiamava qualcuno, ripeteva l'annuncio in italiano, in francese. Dopo qualche minuto lo stesso annuncio.

«La signora Ermelinda Pieri è pregata di venire all'uscita...» Il resto si confondeva nel brusio generale.

Ermelinda si svegliò con l'impressione di aver dormito qualche ora, mentre un taxi la portava al terminal, e poi l'autobus all'aeroporto. Tutto in sogno. Il suo nome di ragazza, al quale da tempo non era più abituata, la fece sobbalzare. Si alzò, si guardò intorno. Non sapeva dove andare.

Chi la chiamava? Un incidente a casa? Le sorelle avevano trovato la sua decisione di trascorrere un paio di giorni a Vienna come minimo assurda.

«Si vede che non hai pensieri, che non hai né marito né figli. Un viaggio simile... perché poi? Cosa vai a cercare?» In realtà avevano criticato anche i suoi viaggi in Svizzera, quando ancora viveva Lise e anche dopo, quando una volta l'anno faceva un salto a vedere Madame Gavin, ormai vecchissima e perduta, rimasta sola. Che pena vederla, sulla sedia a rotelle, lo sguardo smarrito; sentirla parlare di cose dimenticate che solo lei sapeva, lei che aveva conosciuto la famiglia quando tutto era ancora normale, quando tutti erano in vita, la zia, il figlio, Lise. Tutti morti. Tutti.

La vecchia signora non la riconosceva e la trattava come una sconosciuta, con una certa cortesia però, perché Ermelinda ripeteva il nome di Lise e il proprio nome. Quei nomi dovevano dirle qualcosa, perché ascoltava di colpo attenta: Lise era sua figlia, diceva, una figlia che non veniva mai a trovarla e anche Ermelinda non si faceva più vedere e pensare che l'aveva sempre amata come una figlia, ma si sa, l'ingratitudine... È umano, sospirava.

Ermelinda, dopo ogni visita, soffriva per alcuni giorni, ma poi tornava a Losanna. Una specie di pellegrinaggio dovuto non soltanto alla memoria di Lise.

Ora, in un piccolo locale, all'aeroporto, persa in cento pensieri che non riusciva a riordinare, che non voleva riordinare, aspettava soltanto che il tempo passasse. La testa era confusa da troppe emozioni; troppi ricordi si affollavano disordinatamente; scene, episodi che credeva aver rimosso in modo definitivo e che ora tornavano a chiarire, a spiegare quanto non era più necessario spiegare.

Una voce dietro di lei, una voce maschile che le sembrò di riconoscere.

«Ermelinda... finalmente ti trovo. Non hai sentito che ti ho fatto chiamare?» Era Michael. Spostò una sedia e si sedette al suo tavolino. Sembrava affannato. Doveva aver fatto il giro di tutti i locali dell'aeroporto a passo di corsa e ora, accaldato, stanco, era in qualche modo impaziente.

Ermelinda si sedette di nuovo, un po' stranita.

«Mi hai lasciato senza una parola, senza neanche salutarmi. E questo libro? Che vuol dire questo libro? Ha un significato particolare? L'ho letto, adesso, in queste due ore, ho saltato qualche pagina ma credo di aver capito. Parla. Non hai niente da dirmi?»

Ermelinda lo fissò: Michael parlava di nuovo in tedesco, agitato, la voce spezzata, forse per la corsa o per l'emozione di averla ritrovata. Vedendo la sorpresa di Ermelinda, si scusò e ripeté tutto in italiano.

«Cosa vuoi sapere? Cosa credi di aver capito? Tu hai un figlio, io no. A me non è rimasto neanche il desiderio di averne uno.»

«Io non ho niente a che fare con quel Leonidas, se è questo che volevi dirmi. È... è... è perfino offensivo! Ma forse alludi ad altro. Anzi, sono certo: alludi ad altro. È per questo che me lo hai lasciato.» Ermelinda scosse la testa. Non voleva ascoltarlo.

«Mi chiedo perché sono venuta qui. Perché ti ho cercato. Forse volevo soltanto capire, avere delle certezze che ormai non servono a niente. O forse volevo soltanto salire ancora una volta quelle scale... nella realtà. Le tante scale dei miei sogni.»

Tacque a lungo, persa in un mondo di ricordi.

La solitudine e la disperazione di tutti quegli anni; e il ricordo di lui, mai cancellato. Aveva continuato a pensare a lui, nonostante il suo silenzio, e mai, neanche un momento, aveva provato un solo sentimento di odio, di risentimento. Gli era anzi grata di averle fatto conoscere un sentimento unico, il vero amore, il più grande, quello che può riempire una vita. E aveva capito che un tale sentimento è più duraturo se l'oggetto dell'amore è lontano, irraggiungibile. La quotidianità lo avrebbe distrutto o forse soltanto cambiato in qualcosa d'altro. Invece così, nonostante tutte le sue teorie sull'amore, era cresciuto sempre più nel corso degli anni: ne era uscito idealizzato, e ogni parola, ogni incontro con lui aveva acquistato un significato particolare, spesso lontano dalla realtà. L'amore non ha niente a che fare con la realtà, aveva finalmente concluso: è un pensiero, un'idea, una condizione irripetibile. Da quel momento aveva cominciato a sognarlo a intervalli regolari, quasi qualcuno dentro di lei non le permettesse di dimenticare. E sempre le scale per andare da lui, le mille scale dei suoi sogni: grandi scalinate di travertino, di marmo, di pietra o di legno; tante scale che avevano alimentato di angoscia le sue notti.

E ora aveva voluto ripercorrerle tutte, le scale dei suoi sogni, ecco perché era venuta. Voleva salire gradino dopo gradino, per arrivare fino in cima, per fissarsele bene in mente e sovrapporle a quelle dei sogni, per eliminare l'incubo. Ecco perché era venuta. Nella realtà, aveva sperato, quelle scale non l'avrebbero lasciata in asso, non si sarebbero sciolte in un acciottolato di pietrisco e neanche si sarebbero allungate in lastre grandi, squadrate, lisce, scivolose, senza un appiglio, senza un corrimano per sostenersi. Gradini altissimi, macigni di pietra antichissima, consumati dai passi giganteschi di milioni di persone. Scale delle quali, nel sogno, non era possibile vedere la fine né l'inizio; che sparivano sotto archi per ricomparire, sospese da qualche parte, in alto, nello spazio; altre che scendevano nelle profondità della terra in scantinati, catacombe, in antichi bagni romani. Rampe buie, di legno marcio che scricchiolavano sotto i passi, come quelle della Musikakademie o della Taubstummengasse... o ancora peggio, scale tracciate solo sul muro che dileguavano sotto i suoi passi.

Voleva cercarle tutte, le scale dei suoi sogni, e salirle, fino all'ultimo gradino.

Michael la guardava e non capiva.

«Di quali scale stai parlando...? Quelle della Nationalbibliothek? Sei venuta solo per rivedere quelle scale? E io? Non credi di dovermi una spiegazione?» Si sentiva soffocare. Si alzò di slancio, e vedendo che si trattava di un self-service, andò a prendere un bicchiere e una bottiglia di acqua. Tornò, si sedette e riempì il bicchiere, la mano tremante, talmente era agitato. Bevve tutto d'un fiato e cercò di calmarsi.

Ermelinda lo osservava. Cosa vuol sapere, cosa deve spiegare?

Le tante scale che in sogno si interrompevano, si allungavano, sparivano lasciandola sola, in mezzo a un nulla fatto di disperazione, sapeva che ormai non le avrebbe più sognate.

Lo aveva raggiunto. Alla fine delle scale c'era lui, lì, davanti a lei e ansimava, angosciato.

E lei… indifferente. Caduta l'agitazione era sopravvenuto il gelo, il vuoto: oltre il muro ora sa che attende solo la morte. Garcia Lorca aveva ragione.

Dove era finito il grande amore che aveva riempito la sua vita di nostalgia, di desiderio, di disperazione?

Il grande amore della sua vita era uno sconosciuto.

L'uomo che aveva occupato le sue notti per anni, che aveva creduto di amare fino a volerne morire, era qui e non sapeva che farsene, anzi la disturbava. Tutta la vita dietro a un fantasma, e quando il fantasma prende forma umana… la grande delusione, il collasso. La fine di tutto.

«Scusami, non avrei dovuto cercarti, incontrarti. È stata una debolezza, nient'altro che una debolezza. Non si può tornare indietro. Bisogna lasciare il passato lì dove giustamente sta: nel ricordo. Non ho più bisogno di salire quelle scale, ormai. Io non sono più quella di allora e tu nemmeno. Due estranei con un piccolo ricordo in comune, ecco cosa siamo.»

Michael non capiva. «Un piccolo ricordo in comune.» È di nuovo offeso. Come poteva parlare così?

«Se ti riferisci a quell'ultima sera… quell'ultima sera che io non posso definire 'un piccolo ricordo in comune' non ho parole. Hai dimenticato le ore trascorse insieme? Come puoi dire 'un piccolo ricordo'? Per te tutta la nostra relazione si è conclusa con quell'ultimo incontro. Ecco perché non hai mai risposto alle mie lettere. Ora capisco.»

«No. Non così. Ti prego, non con questo tono. Ti ho già detto di non aver ricevuto nessuna lettera, nessun segno di vita. Ormai sono convinta che tutte le tue lettere sono state intercettate dalla mia famiglia. Una mentalità che tu non puoi capire. Volevano risparmiarmi certe esperienze. Io non so cosa hai scritto, ma certamente hai accennato a tua moglie ed è bastato. Una relazione con un uomo sposato. Posso immaginare la loro reazione. Certo, non avrebbero dovuto aprire le mie lettere. Questo è il punto. Ma ormai non posso chiedere spiegazioni a nessuno: sono morti tutti, mia nonna, mia madre, mio padre.» Sconsolata, sembrava parlare a se stessa.

E in quanto al quel 'piccolo ricordo in comune' avrebbe tanto preferito non ci fosse mai stato. Un'esperienza che Michael avrebbe dovuto evitarle, anche per conservare nella memoria il ricordo di un amore puro, ideale, come lo sogna ogni ragazza ingenua e inesperta.

Non aveva dimenticato le tante ore meravigliose trascorse insieme, i pomeriggi d'inverno in cui andava a prenderlo all'uscita della Nationalbibliothek, sempre col cuore in tumulto e lui in cima a quella scalinata che aveva poi sognato in tutte le forme possibili.

Nei sogni non c'era mai nessuno ad aspettarla. C'era solo il vuoto. Buio e niente altro.

Nella realtà di quel lontano inverno in cima alle scale c'era sempre stato Michael ad aspettarla. Mai una volta era mancato. E appena la vedeva la raggiungeva correndo, saltando sui gradini, prendendoli a due e due, impaziente, ansioso, fermandosi però ogni volta a qualche scalino di distanza: non aveva mai osato chiuderla nelle sue braccia, come forse desiderava. Si limitava a sfiorarle una spalla per liberarla dei fiocchi di neve che si erano fermati sul suo cappotto, per salire, dopo un momento di esitazione, verso il suo visetto arrossato dal freddo, una carezza fuggevole, col dorso della mano, sulla guancia, sul mento, niente altro. E via in un Kaffeehaus, tanti locali, tutti diversi, dove lui la guidava in cerca di un tavolino appartato per parlare, parlare. Era sempre lui a raccontare di sé, della sua infanzia in una cittadina di provincia; della madre che lo aveva amato, suo unico figlio, più di ogni altro al mondo; del padre acceso nazionalista, andato in guerra subito, già nel settembre del '39 e disperso dopo neanche mezzo anno. Lui, infiammato degli stessi ideali patriottici del padre, aveva atteso con impazienza di raggiungere l'età giusta per arruolarsi nella SS[10], per il prestigio, l'onore, i privilegi. Non aveva neanche finito il ginnasio. Poco prima degli esami di maturità, data la situazione sempre più drammatica, era stato comandato direttamente dalla scuola al campo di addestramento, insieme ai suoi compagni e ai veterani della Prima Guerra mondiale, in difesa della città di Vienna minacciata dell'Armata Rossa.

Ancora allora, all'inizio degli anni Sessanta, sentiva bruciare le ferite, l'umiliante capitolazione e la prigionia; per un caso fortunato era capitato in un campo francese e non in Siberia. Lì sarebbe stato fucilato ancora prima di arrivare. Lo sapevano tutti.

In Francia era rimasto quattro anni, e non erano stati anni che avrebbe voluto rivivere.

Ermelinda aveva ascoltato questi racconti con grande interesse, pur non capendo la maggior parte dei fatti narrati. Aveva solo pietà di lui, della sua gioventù perduta in guerra e in prigionia, senza rendersi conto di quanto veramente stesse dietro quei racconti. Michael diceva sempre di essere stato ingannato, di avere avuto una benda sugli occhi, di aver capito solo troppo tardi in quale trappola era caduto, sia lui che il padre. Ma non stava a lui giudicare, ripeteva sempre, una vera resa dei conti si poteva fare solo dopo cento anni. La ragazza non capiva di quale resa dei conti si trattasse e non osava chiedere, si limitava solo ad ascoltare i suoi discorsi infiammati, la disperazione per gli anni perdu-

[10]Abbreviazione per *Schutzstaffel*

ti, e la sua incapacità di sperare, sperare in che cosa? Poi si scusava con passione di intrattenerla con discorsi tanto tristi.

«No. Non ho dimenticato quei pomeriggi e tanto meno i tuoi racconti. E ora, dopo quarant'anni, hai ritrovato te stesso, hai fatto i conti col tuo passato? Ti sei riconciliato con la vita?»

Michael venne travolto da un'ondata di emozioni che credeva aver seppellito per sempre in qualche tomba lontana, forse in Francia o altrove.

«La vita mi ha ripreso nella sua quotidianità. Nessuno può sottrarsi alla vita. Soltanto la notte appartiene solo a me. E nei miei sogni torna il passato in tutto il suo grigiore...» Non volle continuare.

I dubbi che avevano dilaniato la sua coscienza negli anni di prigionia, i discorsi fatti con altri giovani come lui, come lui disillusi, vinti, tutto era sedimentato lì, nei suoi sogni, ancora palpitanti di vita. Solo, nella più completa solitudine, nonostante la moglie gli dormisse accanto, aveva lottato contro l'assalto dei ricordi, contro visioni di guerra, scene di terrore che riviveva con maggiore intensità di quando avevano avuto luogo: di notte i ricordi acquistano dimensioni che vanno oltre la realtà.

Quando aveva conosciuto Ermelinda era ancora preda di sogni sconvolgenti, di momenti in cui avrebbe voluto solo gridare e correre, correre all'impazzata, senza meta, fuggire da tutto e da tutti. Lei, con la sua incomparabile ingenuità, inconsapevole dei retroscena di quanto le veniva raccontando, incapace anche solo di un giudizio e ancor meno di un'accusa, era per lui un balsamo. La moglie che aveva più o meno vissuto le sue stesse esperienze, che sapeva cosa era stata la guerra e il dopoguerra, non era affatto disposta ad ascoltare i suoi lamenti. Ai suoi lamenti sovrapponeva i propri; alle sue sofferenze ribatteva con le proprie, alla durezza della vita in prigionia rispondeva con le violenze subite dai russi, la miseria, la fame.

Ermelinda sembrava venire da un altro pianeta e lui non si stancava di riversare su di lei la piena dei propri sentimenti, tutta la sua angoscia, la sua desolazione, trovando in quell'anima casta consolazione e pietà: era stata la nostalgia di purezza a suscitare il suo amore?

«Mi sei mancata molto. Dopo la tua partenza e il tuo silenzio sono crollato, senza contare la malattia di mia moglie e tutto il resto. Ma per fortuna mia madre mi è stata di grande aiuto. Furono anni assai difficili, non soltanto per me. Mia moglie non si riprese più, sempre piena di sospetti, di rimproveri. Figurati che aveva ingaggiato un investigatore privato per spiarmi, seguirmi. Ogni volta che uscivo con te, cioè ogni pomeriggio, c'era un tipo che ci seguiva... mi ha portato la lista di tutti i Kaffeehaus dove siamo stati noi due. Voleva divorziare dando la colpa a me, avrebbe avuto il bambino e buona parte del mio stipendio. Io non avrei più potuto costruirmi una vita per conto mio e poi non ne avevo neanche voglia... senza di te. Furono anni di inferno per tutti e due e quando morì, mi dispiace doverlo dire, fu una liberazione per entrambi.»

Tacque pensieroso. Si era conciliato con la vita? Non lo sapeva, forse non ci pensava più. A ritmo regolare tornavano certi sogni con scene che credeva aver dimenticato. Emergevano da chissà dove, fantasmi incapaci di morire, di estinguersi finalmente per non tornare più.

Si riprese:

«Mi chiedi se mi sono riconciliato con la vita. Una strana domanda cui non so rispondere. Molte cose sono cambiate. Io vivo solo, mio figlio è sposato e ha famiglia. Io vivo come allora, nella stessa casa di mia madre a Klosterneuburg; mia madre è vissuta assai a lungo, è morta solo tre anni fa, quasi centenaria. È sopravvissuta a due guerre. Nata quando ancora l'Austria era un Impero, aveva visto tutto, conosciuto tutti i lati della vita. Io ammiravo, amavo mia madre. Ho sempre vissuto con lei, fin dalla nascita, eccettuato gli anni di prigionia. Fino all'ultimo, nonostante l'età avanzata, la sua testa era di una lucidità impressionante, mentre il corpo si riduceva sempre più. Una pena vederla. Peccato che tu non l'abbia conosciuta.»

Si fermò perso in chissà quali pensieri, ricordi. Si scosse e la guardò con la tenerezza di un tempo.

«Perché vuoi partire così presto? Perché non resti qualche giorno ancora? E... non mi hai ancora spiegato perché mi hai lasciato quel racconto di Werfel. Mi è sembrato di capire che la ragazza ha avuto un bambino e quel Leonidas non lo sa. Hai voluto forse dirmi...?»

Ermelinda risentì la voce che già una volta l'aveva incantata; riconobbe la sensualità sottile che, come prima, si nascondeva in quel timbro maschile, diventato con l'età più profondo, più scuro. Le parlava con confidenza, con fiducia, quasi gli anni non fossero mai trascorsi.

Finalmente riuscì a guardarlo negli occhi con serenità. Di colpo le fu chiaro che non aveva mai conosciuto quest'uomo, di non averlo mai capito, di non sapere niente di lui. Poco meno che un estraneo, con un lontano ricordo in comune.

E di se stessa, in tutti quegli anni, cosa aveva capito di se stessa? A cosa le era servito questo cercarsi, questo lungo viaggio intorno a se stessa?

Chi era allora, e chi era adesso?

Era disposta a un nuovo confronto con se stessa, a una scommessa con la vita?

Esporsi.

Rimettersi in gioco, ricominciare tutto daccapo...

Ma non era troppo tardi?

L'altoparlante annunciò la partenza per i passeggeri del suo volo: presentarsi all'uscita B 36.

Indice

Parte Prima

Parte Seconda

Altri libri di Ada Zapperi Zucker

IN LINGUA ITALIANA:

Due mezzi volti di un'isola
Cristina Picciolini e Ada Zapperi Zucker
Un dialogo a distanza
2022, 176 pagine, 14,80 €

Nuovo dizionario femminile
Pensieri sparsi
2022, 244 pagine, 14,80 €

Il vestitino di Angelica
Romanzo
2021, 192 pagine, 13,80 €

Un pugno di storie
Lorella Rotondi e Ada Zapperi Zucker
Lettere
2021, 212 pagine, 12,80 €

Due donne del Sud
Caterina Mammola e Ada Zapperi Zucker
24 lettere
2020, 282 pagine, 12,80 €

Una vita di donna in Sicilia
Romanzo
2019, 148 pagine, 12,80 €

Un'infanzia quasi felice
Racconti
2018, 144 pagine, 10,80 €

I padri assenti
Due racconti
2017, 196 pagine, 11,80 €

La casa del nonno
Romanzo
2016, 264 pagine, 13,80 €

La Cucchiara
Una famiglia siciliana
2015, 174 pagine, 12,80 €

Un giorno a Bolzano
Quattro racconti e frammenti di una biografia
2013, 224 pagine, 11,80 €

La scuola delle catacombe
Racconti sudtirolesi
2013, 224 pagine, 9,80 €

Le inquietudini della sora Elsa
Racconti
Edizioni Tabula Fati 2011, 176 pagine, 13,00 €

Il silenzio
Romanzo
Edizioni alpha beta 2009, 160 pagine, 12,00 €

Libri bilingue:

Die Meinung von Samy, Burli und Tina
Le opinioni di Samy, Burli e Tina
Unmögliche Autobiografien / Autobiografie impossibili
2023, 152 pagine, 14,80 €

Das Schweigen
Il silenzio
Romanzo
2022, 304 pagine, 14,80 €

In Südtirol und anderswo ...
In Sudtirolo e altrove ...
Erzählungen / Racconti
2022, 320 pagine, 14,80 €

Vikis blaue Augen
Gli occhi azzurri di Viki
Un libro per bambini, CD incluso
2020, 296 pagine, 15,80 €

Das Glyzinienhaus
La casa dei glicini
Racconti siciliani
2020, 252 pagine, 13,80 €

Herta und andere Geschichten
Herta e altre storie
Erzählungen / Racconti
2019, 248 pagine, 13,80 €

Liebe und andere Verdrießlichkeiten
Amori e altre peripezie
Erzählungen / Racconti
2018, 196 pagine, 11,80 €

Von Sizilien in die Toskana
Dalla Sicilia alla Toscana
Lorella Rotondi e Ada Zapperi Zucker
2017, 164 pagine, 11,80 €

Über Frauen und andere Geschöpfe
Storie di donne e altre creature
Erzählungen / Racconti
2015, 128 pagine, 11,80 €

Libri tradotti in tedesco:

Zwischen Lemberg und Meran
Romanzo
2020, 240 pagine, 13,80 €

Das Haus in der Widenmayerstraße
Romanzo
2017, 296 pagine, 13,80 €

Singende Menschen
Antworten von Sängern auf 17 Fragen
2018, 264 Seiten, 24,80 €

Das Unbehagen der Sora Elsa
Racconti
2016, 216 pagine, 13,80 €

Ein Tag in Bozen
Racconti
2014, 224 pagine, 13,80 €

Die Katakombenschule
Racconti Sudtirolesi
2013, 248 pagine, 11,80 €

Stampato nel mese di Agosto 2023
BoD, D-22848 Nordstedt